당신은 왜 행동하지 못하는가

HOW TO TRICK YOURSELF
INTO DOING THINGS YOU HATE

Copyright ⓒ 2024 by Peter Hollins
Korean translation copyright ⓒ 2025 by Bookplaza
Korean translation rights arranged with PKCS Mind Inc. through
TLL Literary Agency and Eric Yang Agency.

당신은 왜 행동하지 못하는가

피터 홀린스 지음 · **최지숙** 옮김

회피와 망설임에서 벗어나는 자기통제의 힘

세계적인 행동 심리학자 피터 홀린스의 최신작!

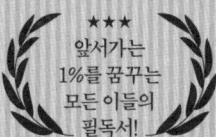
앞서가는 1%를 꿈꾸는 모든 이들의 필독서!

당신을 행동 지향적으로 바꿀 <오늘의 과제> 수록!

"성공이란, 하고 싶든지 하고 싶지 않든지
해야 할 일을 해내는 것이다."

- 엘버트 허버드(Elbert Hubbard)

목차

들어가는 글　9

1장　행동의 진짜 의미

행동 지향적 태도란 무엇인가　17

행동 지향적 의사결정의 힘　29

행동과 동작의 차이점　38

목표 vs 목적, 무엇이 중요한가　48

읽은 것을 행동으로 옮겨라　59

2장 무엇이 당신을 가로막는가

행동을 가로막는 요소 75
동기보다 행동이 우선이다 85
시작하기까지 드는 에너지를 줄여라 94
준비됐다는 착각에서 벗어나라 103
승자의 사고방식을 개발하라 113

3장 포기하지 않고 나아가는 법

자기 절제의 세 가지 유형 127
매일 1퍼센트씩 더 나아져라 137
과정이 결과보다 중요하다 145
습관 쌓기의 기술 155
과정을 게임처럼 만들라 164

4장 하지 않는 것도 전략이다

하지 않을 일 목록 179

제거를 통해 개선하라 188

정보 다이어트를 시작하라 197

하루를 주제별로 계획하라 208

1%가 되려면 결정적 행동을 하라 218

5장 한 걸음 물러서서 바라보라

의도적인 호기심을 길러라 233

행동 공식 242

바른 비교의 방법 252

누구나 기복은 있다 262

불편 지대를 두려워하지 마라 271

들어가는 글

나의 진정한 능력은 어디까지인가?

모든 잠재력을 최대한 끌어올린다면 나는 과연 얼마나 많은 것을 해낼 수 있는가?

게으름과 두려움, 내적 혼란을 극복하고 그 상태를 계속해서 유지하는 방법을 찾는다면 내 삶은 얼마나 달라질까?

이 질문들에 대한 답을 찾고 있다면 이 책은 바로 당신을 위한 책이다. 당신에게는 오랫동안 품어 온 꿈이 있을 수도 있고 혹은 아직 뚜렷하지 않은 목표가 있을지도 모른다. 하지만 분명한 것은 당신은 지금보다 더 많은 것을 이루길 원한다는 점이다.

한 인간으로서, 또는 직업인으로서 발전하고 싶은가? 건강, 사고방식, 일상 습관부터 재정 상태, 창의성과 생산성까지, 아니면 이 모든 것들을 한꺼번에 개선하고 싶은가? 그렇다면 당신을 성공으로 이끌 마음가짐을 길러 줄 실질적인 방법과 조언으로 가득한 이 책은 분명 당신에게 유익할 것이다.

하지만 시작하기 전에 한 가지 짚고 가야 할 것이 있다. 이 책에는 마법 같은 비밀도, 삶을 쉽게 만들어 줄 요령이나 속임수도 없다. 이 책이 다루는 것은 오직 하나, 바로 '강한 의도를 지닌 행동의 힘'이다.

그리고 뜻밖의 이야기를 하나 하자면 이 책을 읽는 것만으로는 당신의 삶에 아무런 도움이 되지 않을 것이다. 그렇다, 방금 읽은 그대로다. 이 책의 내용은 그것만으로는 아무런 가치가 없기 때문이다. 이 책의 가치는 당신이 그 내용을 실제로 행동에 옮길 때만 빛을 발할 것이다. 바로 지금, 당신의 삶 속에서 직접 실천하기 시작할 때 말이다. 행동이 뒷받침되지 않으면 이 책도 그저 또 하나의 책일 뿐이고 담긴 내용 역시 단순한 '정보'에 불과할 뿐이다.

행동의 힘을 제대로 터득하면 당신은 다음의 것들을 얻을 수 있다:

- 삶에 대한 더 강력한 통제력과 자기 결정력
- 하고자 하는 일에 대한 더 큰 자신감과 확신
- 자신에게 중요한 것과 관심을 기울일 가치가 없는 것을 구분하는 명확한 안목
- 현재 자신의 상황을 솔직하게 바라보고 도달 가능한 목표를 현실적으로 설정하는 능력
- 스트레스 경감과 더불어 회피, 수치심, 내적 혼란에서 벗어나는 방법
- 자기 이해와 확신을 키우고 자신의 가능성을 스스로 제한하는 부정적인 생각과 미루는 습관을 극복하는 힘

이 외에도 '행동 지향적Action-oriented 삶의 방식'과 지속적인 성장, 개인의 책임, 자기 절제를 중시하는 마음가짐이 가져다주는 이점은 훨씬 많다. 하지만 이런 추가적인 혜택은

당신이 삶에서 '행동의 기본'을 터득한 후에야 비로소 펼쳐질 것이다.

단순히 책을 읽는 것만으로는 충분하지 않다. 통찰이나 지적 이해만으로도 부족하다. 이와 같은 이유로 당신은 이 책에서 각 절이 끝날 때마다, 다음 단계로 넘어가기에 앞서, 당신을 올바른 방향으로 이끌어 줄 작지만 구체적인 실천 과제를 수행하게 될 것이다.

당신이 그동안 '회피'와 '미루기'라는 괴물과 싸워 왔고, '위축된 삶'을 반복하는 패턴에 갇혀 있거나, '내적 혼란'과 '무질서', '집중력 부족'에 시달리고 있다면 이 책이 도움을 줄 것이다.

하지만 이 책을 계속 읽기 전에 해야 할 첫 번째 과제가 있다. 의식했든 하지 못했든, 지금 이 순간 당신이 이 책을 집어 들게 만든 그 무언가를 파악하는 것이다. 어쩌면 당신은 이미 그것이 무엇인지 알고 있을지도 모른다!

두려움으로 인해 회피해 온 중요한 문제 혹은 늘 간절히 원했지만 시도할 용기를 내지 못했던 소중한 꿈이 자신에게 있지 않은지 곰곰이 생각해 보라. 어쩌면 삶의 특정 영역에서 훨씬 더 잘 해낼 수 있을 거라는 막연한 확신이 있을 수도 있고, 이제야 비로소 탐험할 준비가 된 미완의 가능성이 있을 수도 있다.

이 책에서 다루는 생각들은 절대 만만치 않다. 하지만 간단하다. 이제 시작점에 선 당신에게 필요한 것은 배우고자 하는 의지, 매일 조금씩 읽고 새로운 것을 시도할 약간의 시간, 그리고 '노력하면 변할 수 있다'는 희망적인 기대, 이것이 전부다.

각 절을 읽어 나가면서 떠오르는 생각을 기록할 수 있는 일지나 노트를 준비하도록 하자. 당신을 이끄는 모든 개념이 다 와닿지는 않을 것이다. 하지만 새롭고 낯선 개념을 열린 마음으로 받아들이려는 의지가 있다면 당신은 어떤 식으로든 무언가를 배우게 될 것이다.

준비되었는가? 맨 먼저, 당신이 이루고 싶은 원대한 목표를 일지에 적어 보자. 자, 이제 시작이다.

1장

행동의 진짜 의미

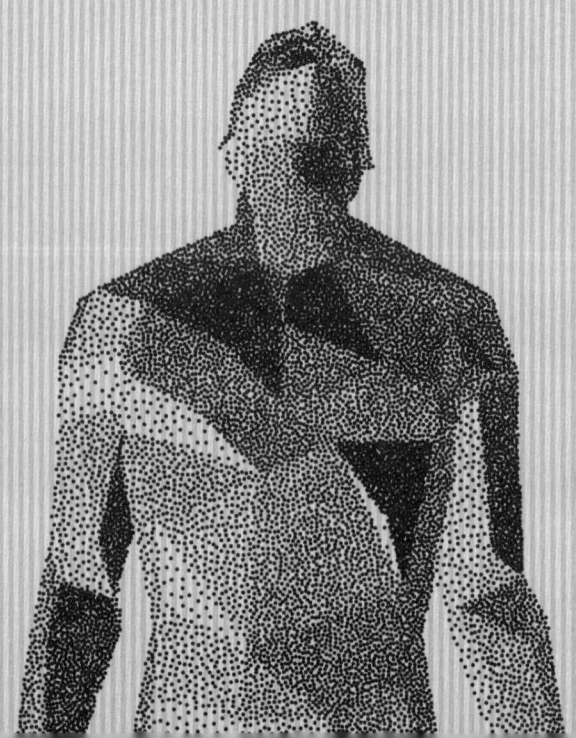

모든 것은 '마인드셋Mindset'에서 시작된다. 혹시 당신은 변화를 위협으로 해석하고, 어려움을 자신에게 가해지는 부당함으로 받아들이며, 삶의 결과물은 주로 운에 의해 결정된다고 보는가? 겉으로는 아닐지 몰라도 마음 깊은 곳에서는 말이다. 그렇다면 당신은 삶을 수동적으로 바라보는 사람일 가능성이 크다. 당신은 기본적으로 행동을 회피하고, 노력을 최소화하며, 책임지기를 꺼린다. 그러다 보니 도전 앞에서 두려움과 거부감을 느낄 수밖에 없다. 물론 수동적인 사람도 가끔은 억지로 행동에 나설 수는 있다. 하지만 자신을 망치고 있는 근본적 사고방식을 바꾸지 않는 한 변화는 절대 오래가지 않는다. 물이 가장 낮은 곳으로 흘러가서 고이듯 결국에는 다시 무기력한 상태로 돌아가게 마련이다.

하지만 행동을 우선시하는 마인드셋은 완전히 다른 양상을 보인다. 다행히도, 이런 태도는 일부 사람들만이 타고나는 희귀한 자질이 아니다. 사실은 바로 지금 이 순간부터 우리가 '의도적으로' 길러낼 수 있는 태도이다. 자, 이제 '행동 지향적 태도'에 대해 자세히 알아보자.

행동 지향적 태도란 무엇인가

행동 지향적 태도가 무엇인지, 이것이 왜 중요한지,
그리고 어떻게 개발할 수 있는지 알아보자.

어느 날, 두 친구가 함께 술을 마시다가 팟캐스트를 만들면 재밌을 것 같다는 이야기를 나누기 시작한다. 이런저런 엉뚱한 아이디어를 주고받다 보니 둘은 점점 더 이 계획에 흥미를 느끼게 된다.

"우리 이거 진짜 해 보자." 친구 A가 말한다.

"그러게, 대박일 것 같지 않아?" 친구 B가 답한다.

일주일 후, 두 친구가 다시 만난다. 친구 B는 친구 A가 벌써 첫 번째 에피소드의 대략적인 대본과 개요를 작성하고,

팟캐스트 이름도 몇 가지 생각해 보고, 팟캐스트를 올릴 플랫폼도 알아보고, 비슷한 팟캐스트를 청취하면서 아이디어도 많이 모았다는 얘기를 듣고 깜짝 놀란다.

"그럼 첫 번째 에피소드는 언제 녹음할까? 이번 주 금요일은 어때?" 친구 A가 묻는다.

"음, 금요일은 좀 힘들 것 같아." 친구 B가 말한다. "그러니까, 하긴 해야지. 진짜 근사한 아이디어인 건 분명한데 지금은 좀 정신이 없네. 애들 개학하고 나면 다시 한번 살펴볼게. 계획도 제대로 세워야 할 거고…"

어떤가, 친구 A와 친구 B의 큰 차이점을 알겠는가?

한 달이든, 6개월이든, 1년이든, 시간이 흐른 뒤를 상상해 보자. 친구 A는 이미 팟캐스트를 시작해서 성공을 거두고, 어쩌면 그 이상의 것을 향해 나아가고 있을지도 모른다. 반면 친구 B는 여전히 완벽한 시작의 순간만을 기다리고 있다. 아직도 "계획 중"이라고 말한다. 곧 시작할 거라는 말만 하다가 결국 하지 않는다.

친구 B는 앞으로의 일들과 시작할 수 없는 온갖 이유 그리고 자신을 나아가지 못하게 하는 장애물만 신경 쓰고 있다. "아직 제대로 된 마이크가 없어서 팟캐스트를 할 수 없어. 먼저 마이크를 좀 더 알아보고 시작하자…"

하지만 친구 A의 성향은 정반대다. 그는 '지금 당장 할 수 있는 일'에만 집중한다. 다시 말해, 친구 A는 '행동 지향적 태도'를 지닌 사람이다.

아마존Amazon.com의 채용 공고를 보면 그들의 주요 업무 원칙 중 하나가 바로 이 '행동 지향적 태도'라는 것을 알 수 있다. 아마존 채용 담당자는 이렇게 말한다. "비즈니스에서는 속도가 중요합니다. 대부분의 의사 결정과 행동은 나중에 고칠 수 있어서 지나치게 오래 연구하고 고민할 필요가 없습니다. 우리는 계산된 위험을 감수하는 것을 중요하게 여깁니다."

이들은 행동을 우선시하는 태도가 늘 최고의 결과를 가져다준다는 사실을 깨달은 것이다. 실제로 '행동 지향Action-orientation'이라는 개념은 마케팅이나 비즈니스 분야에서 자주 언급되지만 사실 인간이 도전하는 거의 모든 영역에 적용되는 아주 근본적인 개념이다.

이제 이를 간단하고 명확하게 정의해 보자:

"행동 지향적 태도란 선택의 순간에 멈춰 있기보다 행동하기를 선택하는 것이다."

이는 선택을 주저하거나, 더 '조사'해 본다고 미루거나, 고민만 거듭하거나, 준비에만 시간을 뺏기지 않는다는 뜻이다. 시간적 '여유'가 생길 때까지 기다리거나, 모든 조건이 완벽히 맞아떨어지는 순간을 기다리지 않는다는 뜻이다(이미 눈치챘을 수도 있지만, 그런 순간은 절대 오지 않는다).

행동 지향적 태도란, '행동하는 것이 기본값'이라는 뜻이다.

무기력, 게으름, 두려움, 미루기, 자기 불신, 끝없는 고민과 분석, 우유부단함, '계획 세우기' 그리고 자기 방해가 기본값인 사람들이 많다. 하지만 행동 지향적인 사람들에게는 당장 한 걸음이라도 나아가는 것이 자연스러운 반응이다. 그들에게는 행동하지 않는 것이 오히려 더 힘든 일이다.

물론 계획도 중요하다. 아무 생각 없이 무작정 행동하라는 말이 아니다. 하지만 모든 것을 다 따져 봐도, 결국 진정으로 중요한 것은 하나뿐이다. 그리고 그것은 아이디어를 얼마나 잘 짰는지, 이론적으로 얼마나 멋진 프로젝트인지가 아니다.

이 책을 통해 우리는 사람들이 두려움, 내적 혼란, 또는 그저 오래 이어진 나쁜 습관에 의해 주저하고, 미루며, 스스로 발목을 잡는 다양한 방식들을 살펴볼 것이다. 되풀이해서 강조할 내용은 '어떤 상황에서도 행동을 최우선으로 선택'할 수 있는 태도를 길러야 한다는 것이다. 행동할 계획을 세우는 것도, 앞으로 할 행동을 고민하는 것도, 행동할 준비를 하는 것도 아니다. 그저 행동하는 것이다.

인정하자, 삶은 고단하다. 늘 바쁘게 돌아가고, 정말 멋진 일들은 엄두가 나지 않거나 마치 구름 위에 있는 것처럼 멀게만 느껴진다. 때로는 그저 버티며 살아가는 것만으로도 대단한 성취처럼 느껴진다.

다행스럽게도 행동 지향적 태도를 지닌다고 해서 목표한 것은 뭐든 다 이뤄 내는 생산성 기계가 되어야 하는 것은 아니다. 하루아침에 영웅이 될 필요도 없다. 사실 당신이 해야 할 일은 여러모로 더 간단하다. 그냥 뭐라도 해 보는 것이다. 지금 당장 올바른 방향으로 한 걸음이라도, 작은 한 걸음이라도 내딛는 것. 그것이 전부다.

'완벽한 때는 절대 오지 않는다.'
'완벽을 추구하는 것은 시간 낭비일 뿐이다.'
'대부분의 결정은 나중에 바꿀 수 있다.'

당신이 계획을 100퍼센트 확신하지 못해도, 마음의 준비가 덜 된 것 같아도, 크게 흥미를 못 느끼더라도 지금 바로 시작할 수 있다. 계획이 불분명하고 자신에게 자신감이 부족한 것 같아도 행동하는 것은 얼마든지 가능하다. 사실 당신은 언제든 행동할 수 있다. 그 어떤 경우라도 말이다.

당장 작은 것부터 시작해서 그 행동이 어떤 결과를 가져오는지 확인한 뒤 거기서부터 나아가라. 이것이 행동 지향적 태도의 핵심이다.

> **"이제 행동은 어떠한 과정의 최종 결과가 아닌**
> **모든 과정에 꼭 필요한 첫 단추가 되어야 한다.**
> **망설여질 때는 일단 하고 본다."**

할 수 없는 이유나 하지 말아야 할 이유만 잔뜩 떠올리려 하지 말고 스스로 이렇게 물어보자. "지금 당장 내가 할 수 있는 일이 뭘까?" 이렇게 생각할 때 의외로 가장 마음이 편하고 불안감이 덜한 상태가 되기도 한다.

그런데….

행동하는 것이 이렇게 좋은 것이고 쉽게 할 수 있는 것이라면 왜 우리는 더 자주 행동하지 않을까?

이 질문에 대한 답은 여러 가지가 있지만 대부분은 '불안감'으로 귀결된다. 우리는 행동하기에는 아직 지식이 부족하다고 느끼거나, 행동의 결과를 두려워하거나, 미처 대비하지 못한 위험이 있을까 봐 걱정한다. 자신에게 행동에 필요한 권한이나 확신, 능력이 부족하다고 생각하기도 한다.

지금 당신이 미루고 있는 일이 있는가? 그렇다면 그 뒤에 숨은 불안의 정체를 파악하기 위해 노력해 보자. 당신이 행동하지 못하는 이유로 대는 핑계들을 하나씩 적어 보자. 그 핑계들이 당신의 현재 사고방식을 보여 주는 단서가 될 것이다. 이러한 근본적인 두려움을 확인했다면 이제는 그것을 행동 지향적 태도로 바꿔나갈 수 있는 쉬운 방법을 찾

아볼 때다:

① **37퍼센트의 법칙** The 37% Rule

당신이 충분히 조사했다는 것을 어떻게 확신할 수 있을까? 다음 법칙이 도움이 될 것이다. 이 법칙의 핵심은 당신에게 선택지나 아이디어, 또는 가능성이 100개가 있다면 그중 37개만 알아봐도 당신이 처리해야 할 상황에 대해 충분히 파악할 수 있다는 것이다. 즉, 100가지 경로 중 37가지 경로를 살펴보고 나면 너무 성급하게 굴어서 중요한 것을 놓쳤을지도 모른다는 불안감 없이 행동으로 옮겨도 된다는 뜻이다.

('최적 정지 이론Optimal Stopping Theory'의 '37퍼센트 법칙'에 따르면 전체 선택지의 약 37%를 탐색하고 난 뒤 그다음 등장하는 선택지를 기준으로 최적의 선택지를 고르는 것이 확률적으로 가장 합리적이다. -옮긴이 주)

이 법칙을 다른 방식으로도 이해해 보자면, 당신에게 주어진 시간 중 37퍼센트만 자료 수집과 분석에 쓰고 최대한 빨리 행동하는 것을 목표로 해야 한다는 뜻이기도 하다.

만약 선택지를 저울질하는 데만 시간을 100퍼센트 쏟는다면 당신은 점점 더 깊어지는 지식의 늪에 빠져 아무것도 하지 못하게 될 것이다.

② 자료 수집은 필요한 만큼만 하라

위 내용에 대해 이런 의문이 들 수 있다. '애초에 얼마나 많은 선택지가 있는지 모를 때는 어떻게 하라는 말인가?' 우선, 당신이 '모든 사실'을 다 알아야 한다는 생각부터 버려라. 그것은 불가능하다. 대신 꼭 필요한 핵심 정보에만 집중하고 그중 '70퍼센트'만 알아도 만족하기로 의도적으로 마음먹자. 그리고 세세한 것들까지는 모르더라도 행동으로 옮기는 것이다. 이렇게 하면 위험을 최소화하면서도 결단력 있게 나아갈 수 있다.

('70퍼센트 원칙'에 따르면 우리가 선택지를 다 알 수 없는 상황일 때 필요한 정보의 70%만을 탐색한 뒤 고른 최적의 선택지와 100%까지 다 살펴본 후 고른 선택지는 대부분 같다. -옮긴이 주)

물론 정보를 더 많이 모으면 더 '신중하게' 판단할 수 있을 것이다. 하지만 그러려면 '시간'이라는 대가를 치러야 한다는 것을 절대 잊지 말아야 한다. 당신이 계속해서 정보만 모으는 동안 당신은 실제로 행동하고, 실패도 해 보고, 원점으로 돌아와 다시 계획을 세우고, 전략을 다듬는 과정을 (아마도 여러 번) 거칠 수도 있었을 것이다.

③ 계획을 위한 계획이 아닌 '행동'을 계획하라

언제 어떤 행동을 할지 로드맵을 짜자. 하지만 계획을 세우는 단계에만 갇혀서는 안 된다. 큰 목표는 작은 목표들로 쪼개고, 과정의 '모든 단계'마다 실제로 할 수 있는 구체적인 행동에 집중해야 한다. 이는 목적 없이 제자리걸음만 하는 '조사'와는 전혀 다른 것이다.

언제나 현실에 초점을 맞춰야 한다. 현실에는 당신이 지금 당장 할 수 있는 구체적인 행동들이 있기 때문이다. 예를 들어 하루에 전화 다섯 통 걸기, 한 시간에 500단어 쓰기, 한 달 동안 일주일에 세 번 이상 헬스장 가기와 같은 것들이다. 계획을 세우는 것은 좋다. 하지만 계획은 실용적이고 행동과 직결되는 것이어야 한다. 계획하면서 동시에 행동하지 못할 이유는 없다.

④ 머릿속으로 고민하지 마라

고민을 멈추는 효과적인 방법 가운데 하나는 5부터 거꾸로 숫자를 하나씩 세다가 1이 되면 즉시 행동하는 것이다. 너무 깊이 생각하지 말고, 자신에게 이것저것 설명하지도 말고, 복잡한 변명거리를 만들 틈도 주면 안 된다. 일단 하자.

오늘의 행동 과제

 이미 당신에게는 달성하고자 하는 목표가 있을 것이다. 이제 타이머를 '1분'으로 맞추고, 그 목표를 위해 '오늘 당장' 실행할 수 있는 구체적인 행동들을 최대한 많이 떠올려 노트에 적어 보자. 작은 일이라도 괜찮다. 모든 것을 하지 않아도 좋다. 그중 '단 하나'라도 반드시 실행하기로 마음먹고, 실행한 뒤의 기분도 함께 기록해 두자.

행동 지향적 의사결정의 힘

행동 지향적 태도가 성공을 보장하지는 않지만
우유부단함은 반드시 실패로 이어진다.

빠르게 결정하는 능력, 즉 '결단력'은 성공한 사람과 실패한 사람을 구분 짓는 요소다. 결단력이 있다고 해서 반드시 성공하는 것은 아니지만 행동하지 않으면 승리는커녕 패배할 기회조차 얻지 못한다. 행동하지 않는 것은 게임을 시작조차 안 한 것이나 마찬가지다.

성공은 일련의 실패와 적응을 거쳐 찾아오기 마련이다. 그러니 최선의 전략은 하루빨리 시작해서 그 실패들을 경험해 보는 것이다!

행동 지향적 태도는 우리가 '분석 마비Analysis paralysis의 늪'에 빠지지 않게 해 준다(넷플릭스에서 영화 한 편 고르는 데도 온갖 것을 다 파악해야 할 것 같은 착각에서 벗어나게 해 준다는 뜻이다). 행동에 중점을 두면 적은 정보로도 불안과 집착을 줄이면서 더 신속하게 움직일 수 있다. 빨리 실패할수록 빨리 배울 수 있으며, 아무것도 하지 않는 것보다는 실패하더라도 적극적으로 시도하는 편이 항상 더 낫다.

결정을 내리지 못하고 행동을 미루거나 과도한 고민에 빠져 있을 때면 우리는 행동하는 것만이 위험과 대가를 수반한다는 착각에 빠져들곤 한다. 그러나 행동하지 않는 것 역시 기회를 잃고 시간을 허비하는 대가를 치르게 한다는 사실은 간과하기 쉽다.

필요 이상으로 조심스럽고 신중하게 행동하는 것이 당장은 현명한 선택처럼 느껴질 수 있다. 하지만 그 상태가 너무 오래 이어지면 오히려 내면의 두려움만 커지게 된다. 고민하면 할수록 상황은 점점 더 혼란스러워지고, 정보를 더 많이 모을수록 오히려 자신의 지식이 부족하다는 확신만 커진다. 참으로 아이러니한 상황이 아닐 수 없다!

우유부단함은 우리를 무기력으로 가득 찬 어정쩡한 중간지대에 밀어 넣는다. 이 상태에서는 성장도 없고 배움도 없다. 회복력이나 경험도 쌓이지 않고 어떠한 진전도 이루어지지 않는다.

이러한 함정에 가장 쉽게 빠지는 때는 '결정을 내려야 하는' 순간이다. 어떤 집으로 이사할지, 어떤 진로를 택할지, 고객에게 어떤 제안을 할지, 누구와 데이트할지, 저녁으로 무엇을 먹을지, 어디로 휴가를 떠날지, 어떤 영양제를 구매할지, 어떤 전공을 선택할지, 심지어 새 애완용 햄스터에게 어떤 이름을 붙여 줄지까지….

인생은 끊임없는 선택과 결정의 연속이다. 하지만 크고 작은 모든 결정에는 그것이 직장 일이든 개인적 일이든 상관없이 항상 '전략'이 필요하다. 맥길 대학교McGill University의 헨리 민츠버그Henry Mintzberg와 프랜시스 웨슬리Frances Westley 교수는 2001년에 발표한 논문, 〈의사결정, 당신이 생각하는 것과는 다르다Decision Making: It's Not What You Think〉에서 소위 '이성적'이라 여겨지는 의사결정 방식이 항상 효과적인 것은 아니며 문제를 바라보고 해결책을 찾는 더 창의적인 방법이 존재한다고 설명한다.

'행동 우선Doing first' 접근법은 ('생각 우선Thinking first' 접근법과는 달리) 먼저 행동을 취하고 어떤 효과가 있었는지 파악하여 유익한 점을 취한 뒤 다음 단계로 나아가는 방식을 말한다. 민츠버그와 웨슬리는 다음과 같이 주장한다:

**"생각이 행동을 이끄는 듯이 행동 또한 생각을 이끈다.
우리는 단지 행동하기 위해 생각하는 것이 아니라
생각하기 위해 행동하기도 한다."**

'생각 우선' 접근법은 당면한 문제가 비교적 명확하고 단순하며, 체계가 잡혀 있고 직관적일 때 효과적일 수 있다. 하지만 (살면서 겪는 대부분의 경우처럼) 많은 변수가 얽힌 복잡한 결정을 내려야 할 때, 또는 단순히 처음 접하는 일을 처리할 때는 '행동 우선' 방식을 택하는 것이 합리적이다.

'행동 우선'은 행동 지향적 사람이 자연스럽게 선택하는 방식이다. 행동 지향적 사람의 특징은 다음과 같다:

- 회복력으로 역경을 이겨낸다.
- 집중력을 유지하고 쉽게 산만해지지 않는다.
- 망설임 없이 주도권을 잡고 자신의 선택에 책임진다.
- 불완전함, 도전, 그리고 '실패'를 기꺼이 받아들인다.
- 호기심이 많고 열린 마음을 지닌다.
- 끈기 있게 밀고 나가는 법을 안다.
- 자원을 활용하고 창의력을 발휘할 방법을 찾아내며 기회가 없다면 스스로 만들어 낸다.

분석 중심적 사람, 즉 '생각 우선' 접근법을 따르는 사람은 자주 두려움에 의해 좌지우지된다. '만약 이런 일이 생기면 어떡하지?'라는 식의 걱정에 사로잡혀 의기소침해지고, 어떤 일이 가능한 이유보다는 불가능한 이유만 찾으려 한다. 선택에 따른 책임을 지기 싫어하며, 기회를 놓치면 남 탓을 하거나 변명거리부터 찾는다.

행동 지향적 사람은 행동하지 않았을 때 후회한다. 그렇다면 분석 중심적 사람은 언제 후회할까? 사실상, 늘 후회한다. 행동 지향이 부족하면 결정을 내리기 전, 결정을 내리는 도중, 그리고 결정을 내린 후에도 후회와 불안을 겪게 된다. 물론 이는 결정을 내리기라도 했을 때 이야기다. 결국, '안전지대Comfort zone'에 머무는 것은 함정에 빠진 것이나 다름없다. 장기적으로 보면 그곳이 그리 안전하지도 않기 때문이다!

'행동 우선' 접근법은 다음 세 가지 과정을 거친다:

실행Enactment → 선별Selection → 유지Retention

이는 기본적으로 다양한 시도를 해 가며 '효과 있는 것을 찾아내는' 과정이다. 효과 있는 것을 발견하면 그것을 적극적으로 활용하고, 그렇지 않은 것은 과감히 버린다. 실제로 해 보면서 계속해서 개선해 나가는 것, 이것이 이 접근법의 전부다. 겪을지 겪지 않을지 모를 어려움을 두고 쓸데없이 걱정만 하면서 물러나 있기보다는 적극적으로 장애물에 맞서 하나씩 해결해 나가기 시작하는 것이다. 작은 행동 하나하나가 상황을 점차 명확하게 만들고 힘을 실어 준다. 그렇게 우리는 문제를 차근차근 해결해 나갈 수 있다. 하지만 행동하지 않으면 문제는 원래 크기 그대로 남아 있거나… 오히려 더 커질 수도 있다!

1. 실행. 무위無爲와 타성이 자리 잡을 틈을 주면 안 된다. 목표를 향해 작은 것이라도 지금 당장 실천해 보자. 이 과정의 본질은 적극적으로 참여하는 데 있다.

예컨대, 당신이 수제 비누를 만들어 파는 작은 사업에 관심이 있다고 가정해 보자. 당신은 곧바로 새로운 비누 제조법을 실험하고 계속해서 새로운 방식으로 비누를 만들어 친구나 가족에게 나눠 주며 의견을 구한다. 이로써 당신은 단순히 비누 사업을 시작할 계획만 세운 것이 아니라, 실제로 그 사업을 구축하는 첫 단계를 실행에 옮긴 것이다.

2. 선별. 몇 가지 행동을 취한 후에는 잠시 멈춰 결과를 살펴본다. 다른 사람의 의견도 받으면서 상황을 전체적으로 평가한다. 물론, 모든 행동이 100% 성공적이지는 않을 것이다! 하지만 행동 지향적 사람은 이러한 상황을 예상

하고 이해한다.

예컨대 당신은 사람들이 모양 있는 비누를 좋아하고 레몬 향보다는 라벤더 향을 선호한다는 사실을 알게 된다. 또, 사람들이 적절하다고 생각하는 가격대를 찾아내고, 어떤 고객층이 당신의 비누를 좋아하고 어떤 고객층이 관심을 보이지 않는지도 분명히 파악한다.

3. 유지. 행동을 통해 무엇이 효과적이고 무엇이 효과적이지 않은지에 대한 귀중한 데이터를 얻었다. 이제 효과적인 것은 유지하고, 그렇지 않은 것은 과감히 버린다.
예컨대 당신은 가장 좋은 반응을 얻은 비누 제조법과 향 배합법을 노트에 꼼꼼히 기록한다. 다양한 방식으로 라벤더 향의 새로운 조합도 시도해 본다. 이와 더불어 소규모의 상점 주인들과 대화를 나누며 당신의 비누를 납품할 가능성을 타진해 보는 등, 새로운 행동을 계속해서 이어 나간다.

오늘의 행동 과제

 앞선 과제에서 당신은 원대한 목표를 향해 작은 한 걸음을 내디뎠다. 그것은 바로 '실행'이었다. 이제 그 결과를 '평가'해 보자. 그중에서 유지하고 싶은 긍정적인 효과를 '선별'해 보고, 오늘 그것을 이어갈 새로운 행동을 실행해 보자.

행동과 동작의 차이점

겉으로는 행동처럼 보이지만
실제로는 그렇지 않은 것들의 실체를 알아보자.

이쯤 되면 이런 의문이 들 수 있다. '유용하고 체계적인 계획과 조사는 단순한 미루기와 어디가 다른 걸까?' 물론, 누구도 당신에게 아무 생각 없이 무모하게 행동하는 사람이 되라고 하지 않는다. 하지만 신중한 계획이 쓸모없는 고민과 '의미 없는 동작만 반복하는 상태'로 변질되는 시점을 당신이 알아차리기는 어려울 수 있다.

이 절에서는 이 점을 명확히 짚고 넘어가려 한다. 계획 세우기는 유익하면서도 꼭 필요한 일이다. 하지만 계획처럼 보이는 활동이 사실은 흔히 볼 수 있는 '두려움', '미루기', '게으름', '집중력 부족'에 불과한 때도 있다.

이를 구별하는 한 가지 방법은 행동과 동작의 차이를 생각해 보는 것이다:

- **동작**Motion은 단순한 활동과 움직임이다.
- **행동**Action은 결과를 만드는 것에 집중하는 활동과 움직임이다.

이것은 '생각 우선'과 '행동 우선'의 차이라고도 할 수 있다.

예를 들어 당신이 책을 쓰고 싶다고 가정해 보자. 동작은 책의 개요와 계획을 세우는 것, 줄거리와 등장인물을 상상하는 것, 글쓰기 강좌를 듣는 것, 대화를 구상하는 것, 메모를 끄적이는 것, 다른 사람에게 당신의 계획을 말하는 것, 문법과 작문 기술을 더 배우는 것이다. 많은 일을 '하는' 것처럼 보이지만 이것은 진정한 행동이 아니다.

반면에 행동은, 그러니까⋯ 실제로 책을 쓰는 것이다. 의자에 앉아서 한 글자 한 글자, 한 단어 한 단어씩 써 내려

가며 책을 조금씩 완성해 가는 것이 바로 행동이다. 핵심적인 차이는 바로 '결과'다. 행동에는 결과가 남지만 동작은 직접적인 결과로 이어지지 않는다(간접적으로 결과로 이어질 수 있다는 점에서 나름의 의미가 있긴 하다).

> **"보통은 동작으로 시작해서 행동으로 이어진다.**
> **하지만 절대 하지 말아야 할 일은**
> **동작만 반복하며 그 자리에 머무르는 것이다."**

그 자리는 실제로는 아무것도 하지 않으면서도 무언가를 하고 있다고 자신과 타인을 속이는 '가짜 안전지대'다. 우리는 그곳에서 안전하다고 느낀다. 행동하는 것에 따르는 두려움을 마주하지 않아도 되기 때문이다.

가장 큰 착각은 이 상태에서도 자신이 무언가를 이뤄 내고 있으며 앞으로 나아가고 있다고 믿는 것이다. 하지만 결국 보여 줄 만한 성과는 아무것도 없다. 이를테면, "할 수 있는 건 다 해 봤다"라는 말은 사실 "동작 단계에서 할 수 있는 것은 다 해 봤지만 행동 단계로 나아가기에는 너무 두렵다"라는 말에 불과하다.

  물론 계획을 세우고, 조사하고, 전략을 짜고, 하려는 일을 곰곰이 따져 보는 시간도 필요하긴 하다. 사전 동작 없이 행동만 하는 것은 행동 없이 동작만 하는 것만큼이나 바람직하지 않을 수 있다. 하지만 우리 솔직해지자. 대체로 당신의 문제는 계획 없이 너무 많은 행동을 하는 것이 아니라, 충분히 행동하지 않는다는 것 아닌가?

  필요한 만큼만 동작 단계에 머무르는 것을 목표로 삼자. 다음은 동작(계획/사고/전략화) 단계에서 필요한 일들을 철저히 하되 최대한 빨리 실제 행동으로 옮기는 방법이다:

❶ 동작과 행동에 전념할 시간을 분리해서 정하라

  의도적으로 시간을 분배하지 않으면 결국 아무런 성과도 내지 못한 채 동작만 반복하는 상태에 빠지기 쉽다. 계획, 조사 등을 할 시간과 구체적인 결과를 만들어 내는 행동을 할 시간을 명확히 나누어 일정을 짜라. 예를 들어 오전 9시부터 10시까지는 글쓰기에 집중하고, 오후에는 계획을 세우거나, 공부하거나, 생각을 정리하는 시간을 갖는 식이다.

② 마이크로태스킹 Microtasking

뻔한 이야기처럼 들리겠지만 "일이 크면 작게 나눠서 하라"는 조언은 여전히 효과를 발휘한다. 다만, 이런 '세분화 전략'은 동작 단계에서 이루어져야 한다. 행동할 때가 되면 미리 정해 둔 작업에 바로 뛰어들 수 있어야 하기 때문이다.

예를 들어 매일 오후에는 다음 날 오전 9시부터 10시 사이에 쓸 글에 대해 아이디어를 떠올리고, 메모하고, 개요를 짠다. 다음 날 오전 9시가 되면 당신은 해야 할 일을 정확히 알고 있으므로 의자에 앉자마자 바로 글쓰기를 시작할 수 있다.

③ 당신의 에너지 수준에 맞춰 일하라

앞의 예시에서 행동 과제는 아침 시간에 배치되어 있었다. 당신은 그때 가장 활력이 넘치고 정신이 맑으며, 집중력도 높기 때문이다. 가장 힘들고 도전적인 일은 에너지가 최고조에 이르는 시간대에 배치하고, 덜 부담스러운 일은 나머지 시간에 할 수 있도록 일정을 짜야 한다. 정해 둔 시간 안에서도 가장 어렵고 중요한 일을 먼저 하고 비교적 수월한 작업은 뒤에 하는 식으로 에너지를 효율적으로 쓸 수 있다.

④ 동작에서 행동으로 의식적으로 전환하라

정말 대단한 프로젝트라도 행동으로 전환될 기회를 놓치면서 흐지부지되는 경우가 많다. 결정적인 기회의 순간과 추진력을 함께 잃어버리는 것이다. 이를 막으려면 계획에서 구체적인 행동으로 전환할 시점을 일정표에 정확히 표시해 두어야 한다. 그 시점이 되면 조사와 이론적 검토를 멈추고 실제 행동에 돌입해야 한다.

'그 순간이 저절로 찾아오길 기다려서는 안 된다!'

규모가 크고 복잡한 일일수록 이 '전환 단계'가 특히 중요하다. 행동으로 전환할 날짜를 정하고 반드시 지켜라. 어떤 핑계도 용납되지 않는다. 아무리 그럴듯한 변명거리가 있더라도 계획 단계에 안주해서는 안 된다. 전환 날짜를 정했다면 흔들림 없이 실천해야 하고, 계획을 행동으로 옮길 때가 되면 절대 자신과 타협하지 말아야 한다.

예를 들어 소설을 쓰기 위해 한두 달 정도는 신중하게 계획하고, 조사하고, 줄거리를 짜도 괜찮다. 하지만 시작하기로 한 날이 되면 무슨 일이 있어도 글쓰기를 시작해야 한다.

1994년, 《성격과 사회심리학 저널The Journal of Personality and Social Psychology》에 실린 토머스 길로비치Thomas Gilovich와 빅토리아 메드벡Victoria Medvec의 연구에 따르면 사람들의 76%는 자신이 한 일보다 하지 않은 일을 더 후회한다고 한다. 그렇다면 사람들이 가장 후회하는 것은 무엇일까? 그들은 행동으로 옮기지 않고 계획 단계에 '머물러 있기로' 선택했던 모든 순간을 후회했다. 후회란 결국, 훌륭한 무언가를 이룰 기회가 찾아왔을 때 그것을 충분히 활용하지 못한 채 그저 흘려보내고 말았다는 사실을 뒤늦게 깨닫는 것에 불과하다.

동작에서 행동으로 전환하기가 힘든가? 그렇다면 행동하지 않는 것이야말로 후회를 부르는 가장 확실한 방법이라는 것을 기억하라. 시간은 계속 흐르고 있다. '우유부단함', '미루기', '두려움'은 당신을 행동하지 않게 만들고, 행동하지 않는 것은 실패를 부른다. 그리고 그 실패는 결국 후회로 이어질 수밖에 없다. 아이러니하게도, 우리는 실패가 두려워서 행동을 피하지만 행동하지 않음으로써 오히려 실패를 확정 짓고 있다.

불필요한 일들로 분주한 척하면서 실제로는 제자리에 멈춰 있다는 사실을 숨기는 사람이 되지 마라. 그럴듯해 보이는 계획과 전략을 세운다는 명목으로 정체 상태에 갇혀서는 안 된다는 말이다.

당신이 정말로 행동하고 있는지, 아니면 그저 바쁘게 움직이기만 하고 있을 뿐인지 확인하고 싶다면 이렇게 자문해 보라. '지금 이 활동은 직접적인 결과로 이어지는가?', '이 활동을 함으로써 내가 원하는 목표에 확실히 가까워지고 있는가?' 그렇지 않다면, 용기를 내어 과감히 도약하라. 계획은 충분히 세웠다. 이제는 행동할 시간이다.

오늘의 행동 과제

지금 당장 일정표에서 '동작 단계'를 '행동 단계'로 전환할 구체적인 시기를 정하라. 그리고 가까운 미래에 당신이 세운 목표를 향해 크게 도약하라. 그때가 되면 절대 자신과 타협하지 마라!

목표 vs 목적, 무엇이 중요한가

성장을 이야기하려거든 속력이나 목표가 아닌
방향과 목적을 먼저 생각하라.

인지심리학자 스콧 배리 카우프만Scott Barry Kaufman 교수는 "성장은 목적Direction이지 목표Destination가 아니다"라고 말한 바 있다.

하지만 동기 부여 강사든 생산성 전문가든, 이런 분야의 전문가라면 십중팔구 카우프만의 말에 고개를 저을 것이다.

혹시 당신도 이들처럼 목표 지점에 얼마나 빨리 도달하는지에만 혈안이 되어 있지 않은가?

속력을 기준으로 성과를 평가하는 것이 이 시대의 문화일지는 몰라도, 그것이 꼭 당신의 기준일 필요는 없다. 한번 생각해 보자. 단순히 주어진 작업 목록을 남들보다 '두 배 빨리' 해치운다고 해서 무슨 가치가 있을까? 왜 그러한 결정을 내리는지, 그 결정이 무엇을 위한 것인지도 모른 채 숨가쁘게 결정만 내리는 것에 과연 무슨 의미가 있을까?

당신이 진정으로 원하는 일을 하고자 한다면 결코 속력에만 집착해서는 안 된다. 물론, 당신의 경쟁자보다 더 빨리 지쳐 쓰러지는 것을 성공이라 여기는 쳇바퀴 속 생쥐가 되려는 것이 아니라면 말이다.

속력과 목적의 차이를 간단히 자동차에 빗대어 설명해 보겠다. 자동차의 속력은 단순히 속력일 뿐이다. 자동차가 어디로 가고 있는지, '왜' 가고 있는지는 알려주지 않는다. 이런 수치를 '스칼라Scalar'라고 하는데, 이는 단순히 크기나 양만을 나타내는 값이다. 예를 들어 "그는 시속 100킬로미터로 운전했다", "그는 물건을 40개 팔았다"와 같은 표현이다. 시간과 돈도 스칼라에 해당한다. 하지만 이것들은 중립적인 수치일 뿐, 그 자체로는 아무런 의미를 담고 있지 않다.

하지만 '벡터Vector'는 크기(또는 양)와 '방향'을 동시에 나타내는 값이다. 예를 들어 "이 자동차는 시속 100킬로미터로 동쪽을 향해 달리고 있다"에는 속력과 방향이 모두 포함되어 있다. 여기에 더 구체적인 맥락을 추가해 보자. "이 자동차는 캘리포니아로 향하고 있다. 실은 할머니의 생신을 축하하러 가는 길이다."

우리가 하는 행동을 생각할 때는 스칼라가 아닌 벡터의 관점에서 생각해야 한다. 다시 말해, 단순히 스칼라 수치가 크다고 해서 자신이 성공할 것이라고 가정해서는 안 된다.

자동차 예시를 다시 생각해 보자. 시속 140킬로미터로 달리는 것이 시속 100킬로미터로 달리는 것보다 반드시 더 좋은 것은 아니다. 왜일까? 시속 140킬로미터로 달린다 해도 방향이 틀리면 할머니 생신에 제때 맞춰 도착하지 못하기 때문이다.

마찬가지로 더 많은 시간을 일하고, 더 많은 글을 쓰고, 더 많은 물건을 판다고 해서 꼭 생산성이 높다고 할 수는 없다. 오랜 시간 일해도 배우는 것이 없을 수도 있고, 엉뚱한 주제로 글을 잔뜩 써낼 수도 있으며, 물건을 너무 싸게 팔아서 결국 손해를 볼 수도 있기 때문이다.

행동은 중요하다. 하지만 아무 목적 없이 하는 행동은 의미가 없다. 따라서 당신의 행동을 벡터의 관점에서 생각하면 효율성과 집중력 그리고 목적의식을 잃지 않을 수 있다. 단순히 스칼라 수치가 늘어난 것을 생산성이 향상됐거나 성공할 확률이 높아진 것으로 섣불리 판단해서는 안 된다. 카우프만 박사의 말처럼 성장의 핵심은 올바른 '방향'에 있다. 당신이 들이는 노력이 정확히 필요한 곳에 쓰이도록 하는 것이 중요하다.

이제 우리의 목표는 행동 지향적 태도를 갖추되 '방향성 있는' 행동 지향을 길러내는 것이다.
그렇다면, 이를 어떻게 실천할 수 있을까?

① 속력이 아닌 속도를 생각하라

속도는 방향이 포함된 속력이다. 스칼라가 아닌 벡터의 관점에서 생각하라. 이는 당신이 하는 행동의 전체적인 궤적과 경로 그리고 그때그때 도달하려는 목표 지점을 끊임

없이 점검해야 한다는 뜻이다:

- 당신은 어떤 식으로든 배우고 성장하고 있는가? 그것을 진정한 성장이라 할 수 있는가?
- 당신의 선택과 행동은 더 큰 맥락의 목적에 어떤 영향을 미치고 있는가?
- 당신은 올바른 방향으로 가고 있는가?
- 얼마나 빠른지와는 상관없이, 당신이 하는 행동의 (양이 아닌) 질은 당신의 기대에 부합하는가?
- 궁극적으로, 지금 당신이 하는 행동은 어떤 의미를 지니는가?

② 목표와 목적의 차이를 이해하라

목표를 세우는 것과 목적을 갖는 것은 전혀 다른 문제다. 우리는 흔히 왜 그런 목표를 세워야 하는지 깊이 생각해 보지도 않고 목표부터 정해 버린다. 그런 다음 그저 목표를 향해 행동하면서 진전을 이루고 있다고 느낀다(어떤 면에서는 실제로 그렇기도 하다). 하지만 막상 목표에 도달한 뒤, 그것이 자신이 진정으로 원하던 것이 아니었음을 깨닫는다면 상당히 당혹스럽지 않겠는가?

예를 들어 체중 감량은 많은 사람이 세우는 목표다. 하지만 애초에 왜 살을 빼려고 하는가? 이 질문에 대한 답이 당신의 목적을 말해 준다. 살을 빼는 것 자체는 본질적으로 아무런 의미가 없다. 하지만 더 나은 건강과 행복을 위해서, 자녀가 자라는 모습을 오래 지켜보고 싶어서, 또는 자기 절제와 존중에서 오는 자부심을 키우기 위해… 이런 것들이야말로 체중을 줄이는 것의 진정한 목적이라 할 수 있다. 다음의 질문들도 함께 고려해 보자:

- 당신에게는 혹시 하나 이상의 목적이 있지는 않은가? 즉, 서로 반대되는 두 방향으로 끌려가고 있지는 않은가? 그중 우선순위는 무엇인가?
- 당신이 원하는 것을 정할 때 그것을 위해 무엇을 희생할 수 있을지 생각해 봤는가?
- 당신이 정말 원해서 세운 목표인가, 아니면 다른 사람들의 기대나 영향으로 설정한 목표인가?

❸ 꾸준히 방향을 조정하라

 단순히 빠른 속력이나 열정만으로는 성공을 보장할 수 없다. 당신에게는 올바른 방향과 그때그때의 도착점이 필요하다. 하지만 모든 도착점(목표)이 같은 가치를 지니는 것은 아니다. 결국 더 큰 목적과 의미 있게 이어진 목표만이 당신의 삶을 지탱해 주고 당신을 진정한 성공으로 이끌 수 있다.

 그런데 잠깐, 한걸음 물러서서 생각해 보자. 당신에게 목표 또는 목적, 혹은 둘 다 없다는 것을 깨닫게 되더라도 세상이 무너질 일은 아니다. 잊지 말자, 우리는 완벽해지거나 단번에 성공을 이루려는 것이 아니다. 오히려 우리가 실제로 내리는 결정과 선택은 일상의 작은 순간 속에서 소소한 방식으로 이루어진다. 그러니까, 지금 가는 길이 잘못됐거나 아예 길에서 벗어났음을 알게 되더라도 당황해하며 모든 계획을 내던지고 처음부터 다시 시작해야 한다고 생각할 필요는 없다는 뜻이다. 이런 ('모 아니면 도'식의) 극단적인 태도는 당신을 무기력한 '조사' 단계로 되돌아가게 만들 뿐이다. 있지도 않은 '플랜 비'를 생각하느라 제자리에 멈춰 서고 마는 것이다.

"획기적인 도약이나 대대적인 전환 대신

지금의 방향에서 작고 사소한 조정을 이어가자.

조금 바꾸고, 결과를 살피고, 또 바꾸면 된다."

아주 멈추고 다시 시작하는 것보다는 계속 움직이며 방향을 조금씩 바로잡는 편이 목표에 도달할 가능성이 더 크다. 작은 변화들이 모여 큰 차이를 만든다!

❹ 작지만 목적이 분명한 행동을 습관화하라

서로 연관 없는 목표만 수두룩하게 세우는 사람은 아무것도 이루지 못한다. 이리저리 관심과 노력을 분산시키다 보면 겉으로는 매우 바쁘게 움직이는 것처럼 보이지만 실상은 아무런 결실도 이루지 못하고 어느 방향으로도 나아가지 못한다.

행동 지향적 태도를 지니라는 말은 그저 몸을 바쁘게 움직이면서 일에 매달리고 정신없이 이것저것 벌이며 헛된 꿈이나 공상에 가까운 목표를 세우라는 뜻이 아니다.

많은 사람이 'SMART'한 목표 설정이 필요하다는 것은 알지만 왜 목표가 '구체적이고Specific', '측정 가능하며Measurable', '달성할 수 있고Attainable', '현실적이면서도Realistic', '시간제한이 있어야Time-bound' 하는지는 제대로 이해하지 못하고 있다.

'SMART'의 각 요소는 당신이 취하는 행동과 노력이 목적성과 방향성 그리고 현실성을 갖추도록 만들어 준다. 이는 추상적인 의도와 꿈을 현실 세계의 구체적인 목표로 전환하는 방법이다. 그저 "10만 달러를 벌겠다"라고 말하는 것과 왜 그 돈이 필요하고 무엇에 쓸 것이며 한 푼도 없는 상태에서 10만 달러를 버는 전 과정을 구체적으로 알고 있는 것은 하늘과 땅 차이다.

당신이 얼마나 많은 것을 이룰 수 있는지, 얼마나 빨리 이룰 수 있는지는 잊어라. 대신 당신이 이루려는 것의 진정한 가치가 무엇인지, 왜 그것을 이루려 하는지에 집중하자. 그중에서도 어떻게 이룰 것인지(어떤 행동을 할 것인지)가 가장 중요하다.

오늘의 행동 과제

 오늘 하루는 당신이 세운 목표의 궁극적인 의미와 방향, 목적에 대해 깊이 생각해 보자. 목표가 있다고 해서 저절로 목적이 생기는 건 아니다! 그리고 오늘 할 수 있는 행동 중에서 단순히 목표 달성을 위한 것만이 아닌, 삶의 진정한 목적과 의미에 맞닿아 있는 한 가지 행동을 찾아내 실행해 보자.

읽은 것을 행동으로 옮겨라

정보를 소비하는 사람이 아닌
배운 지식을 활용하는 사람이 되자.

행동하기 위해 준비하고, 행동에 대해 생각하고, 행동할 계획을 세우고, 행동하려는 의지를 갖는 것은 나름대로 중요하다. 그러나 이것들이 결코 '실제 행동'을 대신할 수는 없다. 지금 당신이 행동에 관한 이 책을 '읽고 있다'는 점에서 아이러니하긴 하지만, 핵심은 여전히 유효하다. 행동에 관한 책을 읽는 것과 실제로 행동하는 것은 다르다.

자신에 대해 인정하기가 쉽지 않을 수도 있지만 독서를 현실 도피나 회피, 또는 행동을 미루는 수단으로 쓰고 있지는 않은지 솔직하게 돌아봐야 한다.

늘 손에서 책을 놓지 않는 사람이 우리 주변에 한 명쯤은 있다. 어쩌면 당신이 그런 사람일 수도 있다. 늘 무언가를 찾아보고 공부하면서 배울 수 있는 것은 다 배우려는 사람 말이다. 독서는 평생 가져가야 할 훌륭한 습관이고 책을 열심히 읽는 사람들이 인정받는 것에는 그럴만한 이유가 있다. 하지만 생각과 실행 사이, 준비 동작과 실제 행동 사이의 간극은 엄청난 양의 정보를 읽고도 전혀 활용하지 않을 때 '더 크게' 벌어진다. 특히, 자기 계발 관련 콘텐츠를 소비할 때 이런 모습이 더욱 두드러진다.

다음 상황이 익숙하다면 당신도 같은 문제를 겪고 있다고 할 수 있다:

- 올해만 해도 벌써 수십 권의 책을 읽었고 읽을 책 목록에 수십 권은 더 있지만, 이 책들이 실제로 삶에 어떤 변화를 가져왔는지는 설명하기 어렵다.
- 책 속 문장에 밑줄을 긋고, 형광펜으로 표시하고, 페이지 모서리도 접어 두지만 당시에 아무리 흥미롭다

고 느꼈던 아이디어라도 다시 돌아보는 일은 없다.
- 소위 인생을 바꿔준다는 책들을 읽으면서 '강렬한 영감'을 느끼는 일이 종종 있다. 하지만 그 기분이 사라지고 나면 마치 중독자처럼 또 다른 책을 찾아 헤맨다.

무분별하게 콘텐츠만 소비하는 중독적인 습관도 지나치게 생각하거나 미루는 습관과 크게 다르지 않다. 이런 습관들은 각자 다른 원인에서 비롯됐겠지만 결국 같은 원인으로 귀결된다. 바로 행동을 주저하고, 배운 것을 적용하지 못하며, 새로운 깨달음을 현실에서 활용하지 못하는 것이다.

어쩌면 당신은 자신을 자기 계발 및 성장 분야의 전문가로 여기며 많은 것을 '안다'고 느낄지도 모른다. 하지만 정작 현실의 삶은 그 지식을 전혀 반영하지 못하고 있다. 만약 당신이 독서를 통해 어떤 주제에 대해 완벽히 '알게 되었다'라고 생각하며 성취감과 보람을 느낀다면 그것은 환상에 불과하다. 당신은 책에서 읽은 자질과 기술, 습관을 자신이 이미 완벽히 갖추고 있다고 느끼면서 다음으로 파고들 주제를 열심히 찾아보기까지 한다. 하지만 결국 집을 정리하는 대신 미니멀리즘에 관한 책을 읽고, 사람들과 대화하기보다는 소통에 관한 책을 읽으며, 해야 할 일이 미완성인 채로 쌓여 있는데도 생산성에 관한 책만 읽게 된다.

> **"자신이 배운 것이 가치 있고 소중하다면
> 그에 걸맞은 행동으로 보여 줘야 한다."**

그렇지 않으면 당신이 배운 것들은 그저 재미로 보고 넘기는 오락거리로 전락할 것이다. 적용되지 않은 지식은 금세 잊히기 마련이다. 아무리 귀중한 지혜와 지식이라도 구체적인 행동으로 옮기지 않으면 평면적이고 무의미한, 단순 데이터일 뿐이다.

배운 것을 실천하려고 애쓰다 보면 다음 단계로 나아가는 속도는 더뎌질 수 있다. 하지만 배운 내용을 의미 있게 받아들이고 활용한다면 당신이 진정한 혜택을 얻을 가능성은 훨씬 커질 것이다. 이와 같은 관점에서 생각해 보라, "자기 계발서 스무 권을 읽고도 삶에 아무 변화도 만들지 못하느니, 한 권을 읽더라도 그 가르침을 평생 제대로 실천하는 편이 낫다."

당신의 독서와 콘텐츠 소비를 '의미 있게' 만들 수 있는 몇 가지 행동을 소개한다:

① 행동 지향적 메모를 작성하라

책을 읽으면서 눈에 띄는 부분은 형광펜으로 표시하거나 밑줄을 긋고, 여백에는 질문이나 생각을 간단히 적어 놓는다. 하지만 여기서 그치면 안 된다. 책을 다 읽은 후에는 반드시 메모한 내용을 다시 살펴보자. 책의 핵심 메시지를 한 단락 정도로 요약하고, 당장 실천으로 옮길 수 있는 구체적인 행동 계획 두세 가지를 세워 보자.

정보를 종합하고, 요약하고, 다시 검토하는 동안 마음속으로 거듭 자문해 보자. '그래서 어떻다는 거지? 이 모든 정보로 내가 무엇을 할 수 있을까? 지금 내 삶에서 이것을 어떻게 활용할 수 있을까?'

❷ 직접 경험해 보라

제아무리 뛰어나고 박식한 작가라도 독자에게 개념을 설명하고 방향을 제시할 수 있을 뿐이다. 그 개념을 직접 경험해 보는 것은 완전히 다른 차원의 일이다. 자기 계발서를 여행 안내서라고 생각해 보자. 여행 안내서는 유용하지만 진짜 흥미로운 일은 그 장소를 직접 찾아가서 경험할 때 벌어진다. 그리고 그 경험은 대개 작가의 경험과는 전혀 다른 방식으로 전개된다!

책에서 배운 원칙과 아이디어를 실험할 기회를 만들어 보자. 이렇게 하면 책이 제공하는 지식을 검증할 수 있을 뿐만 아니라, 자신의 상황과 필요에 맞게 응용해 볼 수도 있다. 실생활에서 시행착오를 통해 스스로 깨우친 교훈만큼 확실하게 이해되는 것도 없다.

책 한 권을 읽고 나면 30일 동안 실험해 보자. 새로운 습관을 들이거나 책에서 본 조언 하나를 실천해 보면서 변화를 지켜보는 것이다. 이렇게 직접 경험해 보고 나서 책을 다시 읽으면 그 내용이 훨씬 더 깊이 있게 다가올 것이다.

③ 체계적으로 관리하라

독서량이 많고 책 내용에 몰입하기 위해 메모를 자주 남기다면 이를 체계적으로 관리할 방법이 필요하다. 여러 책을 한눈에 정리하고 관리하기 위해 종합 노트를 쓸 수 있다. 또는 인용구나 요약, 질문 등을 정리할 수 있는 앱이나 소프트웨어도 활용해 볼 수 있다. 독서법은 독자마다 다 다르다. 가장 좋은 방법은 자신의 경험에서 나온 자신의 필요에 딱 맞는 방법이다. 굿리즈Goodreads 같은 플랫폼을 활용하여 자신이 읽은 책들과 평점, 서평, 각 책에서 배운 핵심 아이디어를 기록해 두는 것도 좋은 방법이다.

책을 읽기 전부터 다 읽은 후까지, 전 과정에 대해 루틴을 만들어 보자. 이를테면, 책을 펴기 전에는 독서의 목적과 의도를 정한다. 읽는 동안에는 중요한 부분에 형광펜으로 표시하거나 메모를 남기며 독서의 모든 과정을 기록한다. 책을 다 읽은 후에는 독후감을 쓰고, 책에서 얻은 통찰을 바탕으로 실천할 수 있는 행동 계획을 곧장 일정에 추가하자.

④ 성장 지향형 독서 모임에 참여하라

자기 계발서를 여럿이 함께 읽으면 목표 달성에 대한 책임감이 생기고 실천력도 높아진다. 자신과 비슷한 관심사와 목표를 가진 사람들과 대화를 나누다 보면 책의 내용이 실감 나게 와닿고 실천 방법도 자연스레 떠오르기 때문이다.

서로 다정하게 나누는 대화는 책의 내용을 더욱 값지게 만들고, 다양한 관점을 접하게 하며, 책을 계속 읽게 만드는 동기가 된다. 또한, 배운 교훈을 실천하고 싶은 의욕도 불어넣어 준다. 모임을 시작할 때마다 책에서 얻은 교훈을 어떻게 실생활에 적용했는지 서로 이야기 나누며 격려하는 것도 좋은 방법이다.

⑤ 온라인 활동에 주의하라

'정보 다이어트Information diet'의 장점은 뒤에서 다루겠지만, 당신을 산만하게 만들어서 인터넷 중독에 빠뜨리는 나쁜 습관을 우선 경계할 필요가 있다. '무의식적인' 인터넷 서핑은 당신의 주의를 흐트러뜨리고 의욕을 떨어뜨린다. 실제로 가치 있는 정보를 발견하더라도 무심코 스크롤만 하다가 지나쳐 버려서 그 깊은 의미나 가치를 전혀 이해하지 못할 때가 많다.

그러니 이제는 온라인 활동에 좀 더 '의도적으로' 임해야 한다. 스마트폰이나 컴퓨터를 켜기 전에 '무엇을', '왜', '얼마나' 할 것인지를 머릿속으로 정해 두자. 알람을 설정하거나 생산성 앱, 차단 프로그램 등을 활용해서 당신의 시간과 집중력을 얼마나 쓸지 구체적인 기준을 세우는 것이 좋다.

흥미로운 것을 발견했다면 다른 것으로 넘어가기 전에 끝까지 집중해서 보자. 만약 그러기가 어렵다면(예를 들어 긴 팟캐스트라면) 즐겨찾기 해 두면 된다. 훗날 또 인터넷을 하며 의미 없이 시간을 허비하고 있다는 생각이 들 때, 앞서 즐겨찾기 해 둔 콘텐츠를 다시 찾아보는 것은 어떨까?

오늘의 행동 과제

1장의 내용 전체를 지금 다시 한번 훑어보자. 어떤 생각은 공감이 가며 마음에 들었을 것이고, 또 어떤 생각은 별로 흥미롭지 않거나 와닿지 않았을 수도 있다. 그중에서 당신의 마음을 크게 움직인 생각이나 문장, 개념, 제안 가운데 하나를 골라서 오늘 그것을 더욱 '의미 있게' 만들 행동을 실행해 보자.

1장 핵심 요약

- 행동 지향적 태도를 길러야 한다. '행동 지향적 태도'란 추상적인 계획이나 생각보다 '지금 당장 할 수 있는' 일에 집중하고 선택의 순간마다 일관되게 행동하기를 택하는 것이다.
- 시작을 위한 완벽한 때는 절대 오지 않는다. 완벽을 추구하는 것은 시간 낭비일 뿐이며 대부분의 결정은 돌이킬 수 있다. 내가 '지금' 할 수 있는 일이 무엇인지 자문해 보자.
- 행동 지향적 태도가 성공을 보장하지는 않지만 우유부단함은 반드시 실패로 이어진다. 또, 행동하지 않음으로써 발생하는 기회비용도 무시할 수 없다.
- '행동 우선' 접근법은 충분한 정보가 없고 불안한 상태에서도 빠르게 행동할 수 있도록 하며, 이후 상황에 맞게 행동을 조정할 수 있도록 한다. 빨리 실패할수록 더

빨리 배운다. 직접 겪어 보자. 우리는 행동하기 위해 생각하는 것이 아니라, 생각하기 위해 행동하기도 한다. 행동하고, 결과를 관찰하고, 효과가 있었던 것을 반복하자.

- 행동과 단순한 동작은 전혀 다르다. 때때로 '미루기', '게으름', '두려움'이 행동이라는 가면을 쓰고 있다. 진정한 행동은 실제 결과를 만들어 내는 것에 집중하는 활동이다. 준비 동작도 중요하지만, 가능한 한 빨리 실제 행동으로 옮기는 것이 핵심이다.
- 단순한 속력보다는 방향과 목적에 집중해야 한다. 자신의 성장을 측정할 때는 스칼라가 아닌 벡터를 따져라. 짧은 시간 안에 많은 일을 한다고 해서 생산성이 높은 것은 아니다. 더 큰 맥락의 목적과 이어지는 행동을 하는 것이 중요하다.
- 그저 정보를 받아들이기만 하는 소비자가 되지 마라. 배운 것을 행동으로 옮기는 생산자가 돼라.

2장

무엇이 당신을 가로막는가

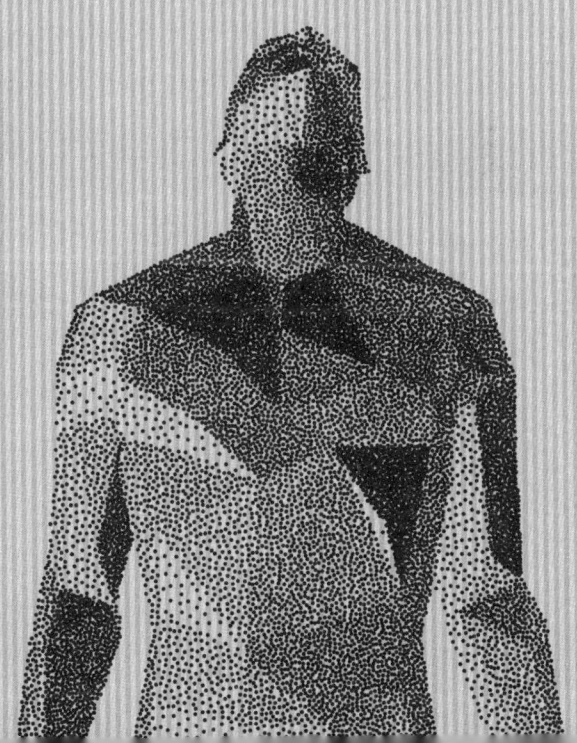

1장에서는 행동 지향적인 사람의 모습과 그들만의 차별화된 세계관을 자세히 살펴봤다. 이제 당신도 그런 사람이 되어야 한다는 것, 그런 사람이 되고 싶다는 것, 그리고 그런 사람이 될 수 있다는 것을 깨달았기를 바란다. 희망적인 이야기를 하나 하자면, 각 절의 마지막에 제시되는 과제를 하나씩 실행해 나가는 것만으로도 당신은 이미 그런 사람이 되는 길에 들어선 것이다!

 하지만 문제는, 당신도 이미 눈치챘겠지만, 당신이 앞으로 나아가려 할 때마다 계속해서 걸림돌이 나타난다는 점이다. 처음의 굳은 결심도 점차 흐지부지되고, 어느새 미루는 습관이 다시 고개를 들며, 결국 이런저런 이유로 행동하지 않게 된다.

 대체 왜 그러는 걸까?

행동을 가로막는 요소

당신의 행동을 방해하는 장애물을 파악하고
그것을 제거하는 방법을 살펴보자.

이번 절에서는 우리가 옳다고 아는 길을 가지 못하게 만드는 요소를 좀 더 깊이 들여다보려고 한다. 하지만 이는 누군가를 탓하자거나, 자기 연민에 빠지라거나, 다시금 수동적 과잉 사고의 덫에 갇히라는 얘기가 아니다. "어쩔 수 없이 행동하지 못하는 이유가 있었어"와 같은 변명을 위한 것도 아니다. 대신 당신을 멈춰 세우는 장애물을 명확히 이해한다면, 그것을 슬기롭게 피해 갈 힘을 얻을 수 있다는 것이 이 절의 핵심이다.

고질적으로 미루는 습관과 오랫동안 지속된 무기력이 마치 복잡한 심리 현상처럼 보일 수도 있겠지만, 사실 그 속에 특별한 비밀이 있는 것은 아니다. 우리가 행동하지 못하는 이유는 다음 중 하나, 또는 둘 이상 때문이다:

1. 신념과 사고방식이 제한적이다.
2. 두려움과 그 밖의 부정적인 감정들을 느낀다.
3. 실제로 현실적인 장애물이 있다.

인간이라면 이 세 가지를 어떤 식으로든 경험한다. 여기서 주목해야 할 점이 있다. 이러한 경험을 통해서만 우리는 배울 수 있고, 결정을 내릴 수 있으며, 무언가를 창조하고, 목표를 이루며, 변화를 만들어 낼 수 있다는 사실이다. 그러므로 장애물을 만난다는 것은 당신이 무언가를 잘못하고 있다거나 잘못된 길을 가고 있다는 신호가 아니다!

이제 각각의 이유를 하나씩 살펴보도록 하자:

① 제한적인 신념과 사고방식

여기에는 당신의 무의식이 불쑥 끼어들어서 '변화는 나쁜 것이고, 두려운 것이고, 불가능하며, 사실 그다지 바람직하지도 않다'라고 당신을 설득하려 드는 모든 방식이 포함된다.

당신이 어떤 행동을 하려고 하든 간에, 자기 제한적 신념은 결국 당신이 행동하지 못하도록 만드는 그럴듯한 변명거리를 계속 만들어 낼 것이다.

이를테면,

'나는 (이런저런 이유로) 행동할 수 없어.'

'시간이 부족해.'

'다른 사람들이 자기 할 일을 안 해서 그래.'

'난 그런 사람이 아니야. 그리고 절대 그렇게 될 수도 없어.'

'너무 어려워.'

'하기는 할 거야. 하지만 나중에.'

'내가 바뀔 필요는 없어. 이건 불공평해.'

'내가 행동하면 분명 나쁜 일이 생길 거야.'

'난 너무 어려/늙었어/지쳤어/멍청해/재능이 없어/가난해.'
'행동하지 않아도 원하는 걸 얻을 수 있을 거야.'
'어차피 아무것도 변하지 않을 텐데 뭐 하러?'
'어쩌면 내가 정말로 원하는 건 이게 아닐지도 몰라.'

이런 식으로 끝없이 이어진다. 당신의 머릿속에는 행동하지 말아야 할 이유가 무한히 떠오를 것이다. 하지만 그런 이유는 전혀 중요하지 않다. 이러한 저항감이 드는 것은 당연한 일이다. 변화는 어려운 법이고, 안전지대를 벗어나는 것은 말 그대로 '안전하지 않은 일'이기 때문이다.

그렇다면 어떻게 해야 할까? 만약 부정적인 생각이 떠오르거든 '그저 생각일 뿐 현실이 아니다'라고 인식하면 된다. 자신을 보호하려는 마음의 의도를 인정하되, 그 말을 꼭 들을 필요는 없다는 것을 깨달아야 한다. 자신과 논쟁할 필요도, 복잡한 심리 분석에 빠질 필요도 없다. 이러한 불안감을 너그럽게 받아들인 다음 해야 할 일을 하라. 정말 그 이상도 그 이하도 아니다!

❷ 두려움과 그 밖의 부정적인 감정들

먼저 한 가지를 짚고 넘어가자. 변화를 시도하거나 새로운 일을 시작할 때 두려움을 느끼는 것은 지극히 정상적인 반응이다. 사실상 인간의 이런 '방어 기제Protective mechanism'가 수천 년에 걸쳐 진화한 덕분에 우리의 선조들은 위협적이고 예측 불가능한 세상에서 살아남을 수 있었다.

두려움은 자연스러우며 때로는 유용하기도 한 감정이다. 그리고 다행스럽게도 우리에게는 이성적으로 생각하고, 의식적으로 결정하며, 자유롭게 선택할 힘이 있다.

당신이 진짜로 두려워하는 것이 무엇인지 생각해 보자. 거절당하는 것? 실패나 손실? 아니면 성공과 그로 인해 쏟아지는 관심인가? 목표를 이루었을 때 더 큰 부담과 기대, 요구가 따라올까 봐 두려운가? 다른 사람들의 평가가 두려운가, 아니면 인생이 원치 않는 방향으로 바뀔까 속으로 걱정하고 있는가?

두려움에 관해서는 단 하나, "두려움은 현실이 아니다"라는 사실만 기억하면 된다. 두려움은 뇌에서 일어나는 전기화학적 반응일 뿐이다. 때로는 현실 속 실제 위험을 알려주는 신호일 수도 있다. 하지만 당신이 두려워하는 대상은 대부분 스스로 만들어 낸 이미지, 즉 '환상'에 불과할 가능성이 훨씬 크다.

이런 형식의 문장을 써 보면 당신이 가진 두려움을 제대로 파악하는 것에 도움이 된다(X에는 하고 싶은 구체적인 행동, Y에는 그 행동을 했을 때 일어날 것만 같은 두려운 결과를 써라):

"나는 X를 하고 싶지만, X의 결과로 Y가 벌어질 것을 상상하며 지레 겁먹고 있다."

위 문장을 직접 완성하는 시간을 가져 보라(필요하다면 여러 개를 작성해도 좋다). 이렇게 하면 자신의 두려움이 실제 상황에서 비롯된 것이 아니라, 결과에 대한 부정적인 상상에서 비롯되었다는 점을 명확히 깨닫게 될 것이다. 당신이 지닌 생각과 신념, 가정, 비현실적인 기대를 살펴보고, 그것들이 과연 사실인지 점검해 보자. 두려워하는 결과가 실제로 일어날 것이라는 확실한 증거가 있는가?

이번에도 작고 쉬운 것부터 실행해 보면 두려움에서 벗어나는 데 도움이 될 것이다. 예를 들어, 의견을 냈을 때 사람들이 당신을 안 좋게 볼까 봐 두렵다면, 일단 부담이 적은 상황에서 의견을 내 보고 반응을 지켜보자. 정말 당신의 예상대로 사람들이 당신을 비난하는가?

당신이 진정으로 원하는 것과 그것을 이루기 위해 행동했을 때 얻을 수 있는 이점들을 계속 떠올리며 집중하자. 왜곡된 생각이 떠오르더라도 가볍게 반박하거나 그냥 흘려보내라.

③ 현실적인 장애물과 방해 요소

물론, 때로는 실제로 당신 앞을 가로막는 것이 있을 수 있다. 알다시피 도전과 어려운 상황은 삶의 일부이지 않은가! 예컨대, 해외여행을 계획했는데 항공편이 취소될 수도 있다. 바이올린을 배우고 싶어도 주변에 가르쳐 줄 선생님이 없을 수도 있다. 또, 헬스장에 가기로 마음먹었지만 심한 식

중독에 걸려 움직이지 못할 수도 있다.

이런 장애물이 행동을 더 어렵게 만들까? 물론이다. 하지만 그렇다고 해서 이를 극복하기 위한 행동을 취할 수 없는 것은 아니다. 사실 타고난 재능이나 단순한 운보다는 역경을 대하는 '태도'가 궁극적인 성공을 결정짓는 경우가 많다. 왜냐하면, 처음으로 맞닥뜨린 난관에서 바로 포기해 버리면 아무리 재능이 뛰어나고 운이 좋더라도 소용없기 때문이다. 그에 반해 끝까지 버티고 밀고 나갈 의지만 있다면 당신의 성공을 막을 수 있는 것은 거의 없다. 처음에 얼마나 운이 좋았는지, 혹은 재능이 얼마나 뛰어났는지는 큰 문제가 되지 않는다.

주변에서 당신과 같은 어려움을 겪었던 사람들을 찾아보자. 그들이 어떻게 어려움을 극복하고 성공했는지 관심을 가지는 것이다. 자신에게 부족한 기술이나 지식이 무엇인지 정확히 파악하고, 그것을 보완할 방법을 찾아보자. 혼란스럽다면 조언과 도움을 구하는 것도 방법이다. 잘 안되는 것이 있다면 잘되는 것은 무엇인지 살펴보고, 방향을 바꿀 준비도 하자. 장애물과 맞서 싸우다 보면 그 과정에서 교훈을 얻을 수도 있음을 기억하라. 이 장애물을 극복하려면 어떤 사람이 되어야 할까? 바로 지금, 그런 사람이 되기 위한 첫 걸음을 내디뎌 보자.

"행동 지향적인 사람은 장애물을 두려워하거나

행동을 포기해야 할 신호로 받아들이지 않는다."

오히려, 다음과 같이 접근해야 한다:

- 당신의 행동을 가로막는 것이 정확히 무엇인지 파악하라.
- 그 생각, 두려움, 감정이 진짜인지, 도움이 되는지 평가하라.
- 그 생각, 신념, 감정을 내려놓는 연습을 해 보라.
- 자신의 환경과 한계를 현실적으로 받아들여라. 솔직한 자기 평가에서도 힘을 얻을 수 있다. 또, 지금의 당신과 같은 한계를 가진 사람들도 성공했다는 사실을 잊지 마라!

오늘의 행동 과제

당신의 앞길을 '실제로' 가로막고 있는 것이 무엇인지 일지에 적어 보자. 이 절에서 제시된 질문들에 답해 보되, 거기서 멈추지 말고 한 걸음 더 나아가 보자. 당신이 가지고 있는 부정적인 생각이나 감정, 혹은 현실적인 문제에 정면으로 맞서기 위해 지금 당장 할 수 있는 작은 행동은 무엇인가? (힌트: 아마도 당신이 가장 하기 싫은 일일 가능성이 크다!)

동기보다 행동이 우선이다

동기가 행동을 만드는 것이 아니라
행동이 동기를 만든다는 사실을 이해하자.

자기 자신을 속박하는 아주 흔한 믿음 중 하나는 '열정', '영감', 혹은 '동기'가 생겨야만 행동할 수 있다는 생각이다. 그리고 이러한 믿음에서 자연스럽게 따라오는 결론은 "완벽한 영감이 떠오르지 않는 한 우리는 행동할 수 없다", "어쩌면 행동해서는 안 된다"라는 것이다.

꽤 익숙한 이야기 아닌가?

"아, 그냥 그럴 기분이 안 나"라며 행동을 미룬 적이 있다면 당신도 어느 정도 이런 믿음을 지니고 있을 가능성이 크다. 사람들은 대부분 자신이 바라는 삶을 시작하기 위해 무언가 특별한 일이 일어나기만을 가만히 기다린다. 누군가의 허락을 기다리고, 응원을 기다리고, 누군가가 나서서 우리를 이끌어 주기를 바란다. 하지만 행동하기 위해서는 즐겁고, 설레야 하고, 동기와 열정이 있어야 한다는 믿음만큼 우리를 옭아매는 것도 없다.

사실은 그 반대다.

**"행동하는 것만이 행동을 계속 이어갈 수 있는
추진력과 열정을 만들어 낸다."**

행동하려면 반드시 흥미롭고 즐거워야 한다고 생각한다면, 당신은 상황이 저절로 좋아질 때까지 기다리다가 조금만 힘든 일이 생겨도 바로 포기해 버리는 사람이다. 이런 마음가짐은 결국 미루는 습관, 발전 없는 정체, 그리고 평범한 수준을 벗어나지 못하는 결과를 낳을 뿐이다.

누구나 새로운 프로젝트를 시작할 때는 열정과 에너지가

불타오른다. 그러다가도 머지않아 열정이 식으면 갑자기 흥미를 잃거나 갖가지 변명과 자기 합리화가 고개를 들기 시작하고, 결국 추진력이 사그라든다. 이는 마치 결혼식을 올리고 신혼여행에서 돌아온 지 며칠 만에 '이제 신혼여행도 끝났는데 어떻게 이 사람을 계속 사랑할 수 있겠어?'라며 배우자에게 흥미를 잃는 것과도 같다.

동기는 일종의 '탄력Momentum'으로 보는 것이 더 적절하다. 이는 자동차 엔진과 비슷한데, 예컨대 추운 겨울 아침에는 시동이 잘 걸리지 않을 수 있지만 일단 한번 돌아가기 시작하면 부드럽고 수월하게 움직인다. 이때 동기는 새로운 프로젝트를 시작할 때 요란하게 한번 터지고 마는 점화 장치 같은 것이 아니다. 오히려 일상의 작은 행동들을 연료 삼아 꾸준히 지펴야 하는 불꽃과도 같다.

동기가 부족하다거나 '지금은 하고 싶지 않다'는 기분은 우리가 행동할지 말지에 아무런 영향을 주지 않는다. 일단 행동하기로 마음먹었다면, 그냥 하면 된다. 점점 지치고 흥미를 잃어가는 느낌이 든다면 바로 그때가 더욱 행동해야 할 때다. 우리를 계속해서 앞으로 나아가게 만드는 건 결국 행동뿐이다.

우리는 작은 행동을 하고 그 행동에서 작은 보상을 경험한다. 이것이 우리를 계속 행동하게 만드는 원동력이다. 하지만 아무것도 하지 않으면 아무것도 하지 않는 것만 더 쉬워질 뿐이다. 시작은 늘 어렵다. 그러나 언젠가 모든 것이 더 쉽게 느껴질 이상적인 순간이 올 거라고 믿으며 기다린다면 우리는 아주 오랫동안 제자리에 멈춰 있게 될지도 모른다.

사람들이 '동기 부여가 안 된다'라고 느끼는 흔한 이유 중 하나는, 아이러니하게도, 기대치가 너무 높기 때문이다. 해야 할 일들의 전체 그림만 바라본다면 쉽게 압도당할 수밖에 없다. 해결책은 간단하다. 전체 그림이 있다는 것은 알고 있되 지금 당장 해야 할 것은 다음 단계로 나아가는 것뿐임을 명심하는 것이다. 오늘 할 일만 하면 된다. 아니, 당장 한 시간 동안 해야 할 일만 해도 충분하다.

예를 들어, 자신에게 '반드시 걸작 소설을 써야 한다'라는 부담을 계속 준다면 당신은 계속 미루기만 할 것이다. 하지만 그것은 당신이 '진짜 해야 할 일'이 아니다. 진짜 해야 할 일은 자리에 앉아서 500개의 단어를 쓰는 것뿐이다. 사실은 그보다 더 간단하다. 단어 하나만 쓰면 된다. 단어 하나를 썼다면, 그다음 단어를 쓰면 된다. 하지만 일단 한 단어를 쓰기 전까지는 다음 단어에 대해 고민할 필요가 없다!

이렇게 생각해 보자. 작가 A는 영감이 전혀 떠오르지 않아서 오늘은 글을 쓸 수 없다고 판단하고 결국 한 단어도 쓰지 않는다. 작가 B는, 의욕이 없긴 마찬가지지만, 그래도 자리에 앉아 글을 쓰기 시작한다. 한 시간 후, 작가 B는 여전히 의욕을 느끼지 못하는 상태다. 하지만 작가 A와의 결정적인 차이가 있다. 작가 B는 오늘 하루 적어도 500단어를 썼다는 것이다. 다음 날, 작가 B는 어제 쓴 글 덕분에 조금 탄력을 받아 이번에는 750단어까지 써낼 수 있게 된다. 더는 완전한 백지상태에서 시작하는 것이 아니기 때문이다. 한편, 여전히 영감이 떠오르지 않는 작가 A는 유튜브에서 고양이 동영상을 찾아보고 있다. 1년 후 누가 자신의 목표에 더 가까이 다가가 있을지는 뻔한 일이다.

① '행동 발판'을 만들라

아주 간단하고 빠르게 끝낼 수 있는 과제부터 시작해서 더 어려운 일로 부드럽게 넘어갈 수 있도록 하라. 예를 들어 딱 '5분만' 앉아서 생각나는 대로 글을 써 보는 것이다. 부담 없이 시작하는 것이 목표이고 그 뒤에는 그만 써도 괜찮다고 생각하면서 말이다. 정작 5분이 지나고 몸과 마음이 풀리면 의외로 계속 쓰고 싶은 마음이 들지도 모른다.

② 작은 보상을 활용하라

행동하는 것 자체가 보람 있는 일이다. 노력하면 노력하는 대로 결과가 눈에 보이기 때문이다. 당신이 한 행동으로 세상이 바뀌는 것, 이보다 더 당신에게 힘을 실어 주는 일이 있을까? 더 좋은 점은, 아주 작은 성취로도 이런 보람찬 감정을 느낄 수 있다는 것이다. 그러니 작은 목표를 세우고 최대한 자주 자신에게 작은 보상을 주는 것은 어떨까?

③ 의욕 상실을 새롭게 해석하라

우리는 보통 일에 대한 의욕이 없고 흥미를 잃어 지루해질 때가 바로 일을 멈춰야 할 때라고 생각한다. 하지만 이 생각을 바꿔 보자. 의욕이 없는 것은 단지 행동하지 않아서 생기는 결과일 뿐이며, 이는 무언가를 하는 것만으로 빠르게 해결될 수 있다!

행동하기에 어려움을 느낀다면 그것은 (과제 자체의 문제가 아니라) 과제에 압도되었거나 주눅이 들어서일 가능성이 크다. 그럴 때는 과제를 작은 단위로 나누고 지금 당장 할 수 있는 일은 무엇인지 파악하자. 그것부터 하면 된다.

④ 시작을 쉽게 만들라

시작하는 데 도움이 될 방법 하나를 소개하겠다. 한 작업을 마무리할 때 다음 작업에서 쉽게 이어갈 수 있는 적당한 과제를 하나 남겨 두어라. 그러므로 일이 꼬이고 힘들 때가 아니라, '일이 잘 풀리고 있을 때' 멈추는 것이 좋다. 다음 작업을 시작할 때 첫 과제를 쉽게 성취해야 일이 술

술 풀려 가기 때문이다. 반대로 까다로운 과제를 첫 과제로 남겨 두면 일의 재개 자체가 불필요하게 힘들어지니 그런 상황은 피하는 것이 좋다.

⑤ 완벽을 추구하다가 좋은 것마저 놓치지 마라

예를 들어, 매일 아침 5킬로미터를 달리겠다는 목표를 세웠다고 해 보자. 그런데 어떤 날은 어떤 이유에서든 2킬로미터도 뛸 엄두가 나지 않을 수도 있다. 그래도 괜찮다! 그렇다면 2킬로미터만이라도 뛰면 된다. 그마저도 힘들고 1킬로미터를 '걷는 것'밖에 할 수 없을 것 같다면, 그렇게라도 하라. "5킬로미터 달리기는 무리"라며 아예 포기해 버리는 것은 어리석은 일이다. 대신, 할 수 있는 만큼 하면 된다.

무슨 일이 있든 목표를 향해 나아가는 행동을 해라. 아주 작은 움직임이라도 좋다. '아무것도 하지 않은 날'을 만들어서는 절대 안 된다. 어디에 있든, 어떤 상황이든, 당신은 행동할 수 있다. 이런 마음가짐은 우리를 자유롭고 편하게 만들어 준다.

오늘의 행동 과제

오늘 하루는 늘 앞을 향해 나아갈 수 있도록 최소한의 기준을 정하자. '아무것도 하지 않은 날' 같은 건 없도록, 어떤 상황에서도 반드시 실천할 수 있는 가장 작은 행동을 정해 두는 것이다. 그리고 작은 행동과 보상이 주는 성취감과 그 의미를 생각해 보자.

시작하기까지 드는 에너지를 줄여라

최대한 쉽게 시작할 수 있도록
행동 시스템을 설계하자.

"시작이 가장 어렵다"라는 옛말에는 진리가 담겨 있다.

화학에서 '활성화 에너지Activation energy'는 화학 반응이 일어나기 위해 필요한 최소한의 에너지를 뜻한다. 이 개념은 흔히 사람이 바위를 언덕 위로 밀어 올리는 모습으로 묘사된다. 일단 바위를 언덕 정상에 올리면 바위는 살짝만 밀어도 저절로 굴러 내려간다. 중력을 활용하는 순간이 오면 더 이상의 노력은 필요치 않은 것이다. 하지만 일단 바위를 언덕 정상까지 밀어 올리려면 반드시 힘이 든다. 이때 필요한 힘이 바로 '활성화 에너지'와 같은 것이다.

이 원리는 화학에만 적용되는 것이 아니다. 우리가 작동시키고자 하고 지속시키고자 하는 또 다른 '에너지 시스템', 즉 특정한 행위나 '행동'에도 적용된다.

여기에는 명심해야 할 일반적인 원칙이 있다. 바로, 활성화 에너지가 클수록 '화학 반응(우리의 경우에는 행동)'이 일어날 가능성은 그만큼 줄어든다는 것이다. 목표가 지나치게 야심 차거나 시작하는 단계부터 너무 큰 부담이 따른다면 바위를 언덕 정상까지 밀어 올리지 못할 가능성이 크다. 바위를 밀다가 에너지만 허비하고 말 수도 있다. 혹시 당신의 일이 끝없는 오르막길처럼 느껴진 적이 있다면, 그것은 아마도 그 과제에 드는 활성화 에너지가 지나치게 컸기 때문일 것이다.

우리는 일을 더 단순하고 쉽게 만들어야 한다. 시작 단계의 심리적 장벽을 낮추기 위해 가능한 모든 방법을 시도해야 한다. 다행히도, 이를 가능하게 하는 몇 가지 방법이 있다. 물론 언덕은 늘 그 자리에 있고 바위를 움직이는 방법은 밀어 올리는 것뿐이지만, 우리가 굳이 일을 더 어렵게 만들 필요는 없다.

이제 구체적인 방법을 살펴보자:

① '준비'로 시간과 에너지를 낭비하지 마라

일을 복잡하게 만들지 말자. 어떤 일을 시작할 때 정말 필요한 것은 무엇일까? 사실 우리가 생각하는 것만큼 대단한 '준비'는 필요하지 않다. 불필요한 준비에 매달리는 것은 결국 우리가 넘어야 할 언덕만 더 높고 가파르게 만들 뿐이다. 예를 들어, 운동을 시작하기 위해 잘 어울리는 색의 운동복을 새로 장만하거나 트레이너가 프로그램을 짜 줄 때까지 기다릴 필요는 없다. 그냥 일어나서 움직이면 된다. 걷거나 가볍게 달려 보자. 수영하러 가는 것도 좋다. 필요한 것은 아주 작은 노력뿐이다. 수많은 무료 운동 유튜브 영상 중 하나를 골라 지금 당장 시작하면 된다. 잠옷 차림으로도 충분하다!

아직 시작할 '준비'가 안 됐다고 핑계를 대는 당신의 내면을 주의 깊게 들여다보라. 당신은 이미 준비되어 있다! 보통 첫 단계는 그리 어렵지 않다. 다만 우리가 스스로 어렵게 만들 뿐이다. 지금 바로 움직이자. 운동복은 나중에 사도 된다.

② 작은 크기로 나누라

 이는 우리가 흔히 듣는 조언이지만 여기에는 그만한 이유가 있다. 바로, 효과가 있기 때문이다. 큰 과제는 작은 과제들로 쪼개자. 그렇게 하면 큰 과제는 애초에 '존재하지 않게' 된다. 그저 작은 과제들을 차례대로 해 나가면 될 뿐이다. 야심 찬 목표를 설정하면 동기와 영감을 얻을 수 있을 거라는 '함정'에 빠져서는 안 된다. 처음에는 열정이 넘칠 수 있지만 그것도 잠시뿐이다. 이내 눈앞에 놓인 거대한 언덕을 바라보며 압도당하기가 쉽다. 대부분 진정한 성공은 소소한 목표들을 하나둘 달성해 가며 이루어진다. 거창하고 화려한 목표는 듣기에는 그럴듯해 보이지만 결국 공허한 메아리로 끝나 버리는 경우가 많다.

작은 목표를 이미 달성했다는 성취감을 활용하면 그 에너지가 다음 작은 목표를 향해 나아가는 원동력이 될 수 있다. 이것이 바로 작은 성취마다 작은 보상을 반복해서 얻는 방식이 효과적인 이유다.

비유하자면, 도미노를 줄지어 세우는 것과 비슷하다. 맨 앞의 도미노는 아주 작고, 그다음 것은 조금 더 크고, 그다음 것은 또 그보다 크다. 이렇게 목표를 제대로 세워두면 결국에는 맨 마지막의 가장 큰 도미노도 쓰러뜨릴 수 있다. 그것도 마치 별다른 노력을 들이지 않은 것 같은 기분으로 말이다.

③ 촉매를 찾아라

화학에서 '촉매'란 활성화 에너지를 낮추어 화학 반응이 더 쉽게, 더 잘 일어나도록 만드는 물질이다. 이를 일상에 빗대어 설명하기가 쉽지는 않지만, 당신이 첫걸음을 내딛는 것에 도움을 주는 '모든 것'이 바로 이런 촉매라고 생각하면 된다.

당신의 목표는 촉매를 활용해 올바른 행동을 쉽고 자연스러운 습관으로 만드는 것이다. 다시 말해, 그 행동을 하지 않는 것이 오히려 더 어려워지는 상태를 만드는 것이다:

- **'습관 쌓기Habit stacking'를 시도해 보자.** 이는 별다른 노력 없이 실천하고 있는 기존 습관에다가 새로운 목표 습관을 이어 붙이는 방법이다(더 자세한 내용은 뒤에서 다룰 예정이다). 예를 들어, 당신은 매일 아침 6시 화장실에 가기 위해 자연스럽게 잠에서 깬다고 가정해 보자. 이때, 화장실 문 앞에 운동화를 두는 것이다. 이렇게 하면 당신은 매일 아침 6시에 화장실에 갔다가 바로 운동화를 신게 될 것이다. 이미 침대에서 나와 운동화까지 신었으니, 이제 결심한 대로 달리러 갈 가능성이 훨씬 커진 것이다.
- **책임을 길러 줄 파트너의 도움을 받자.** 예를 들어, 매주 정해진 시간에 당신의 집으로 찾아오는 공부 파트너가 있다고 생각해 보라. 당신이 '준비'가 됐든 안 됐든 상관없이 말이다. 이런 상황이라면 당신은 약속을 미룰 수도, 어길 수도 없게 된다.

- **바람직한 행동을 유도하는 환경을 조성하자.** 독서량을 늘리고 싶다면 집안 곳곳에 책을 놓아두고 화면이 있는 기기들은 치워 버려라. 이렇게 하면 당신은 지루함을 느낄 때마다 책을 집어 들어 읽는 것 외에는 달리 할 일이 없어진다. 주변 환경이 촉매 역할을 해 주는 덕분에 자신의 의지력에만 의존하는 부담을 덜게 된다.

④ 방해 요소를 제거하라

방해 요소를 '보상'처럼 여기는 것은 매우 위험하다. 우리는 무의식적으로 이런 가로막힘이 작은 '휴식'이 된다고 생각하면서 방해 요소가 우리의 주의를 흐트러뜨리는 것을 쉽게 허용하곤 한다. 하지만 실상은 정반대다. 이런 모든 작은 휴식은 일종의 '초기화'와 같아서, 언덕을 오르던 커다란 바위를 다시 출발점으로 되돌리는 것과 같다. 다시 말해, 방해 요소는 일을 시작하기까지 필요한 에너지는 더 크게 만들고, 목표 지점인 정상에 도달하는 시간은 더 지연시킨다. 물론 업무 중에 휴식이 필요한 것은 사실이다. 하지만 어떤 일이든 '시작 단계가' 매우 중요하고 또 '시작 단계가' 방해에 특히 취약하다는 점을 명심해야 한다.

  이일 저일 옮겨 다니면서 하거나 주의력을 반복적으로 초기화하려 들지 말라. 결국 자신만 더 힘들게 만들 뿐이다. 처음엔 가능한 한 빨리 그 고비를 넘겨야 한다. 시간을 끌수록 일은 더 힘들어진다. 이 난관을 빨리 넘길수록 일은 훨씬 수월해지면서 생산적이 되고, 당신은 깊이 몰입하는 상태에 더 빨리 도달할 수 있다.

오늘의 행동 과제

일정표에서 내일 하기로 미리 정한 행동을 살펴보고, 이를 시작하기 위해 필요한 활성화 에너지를 줄일 방법을 한 가지 찾아보자. 하기 가장 쉬운 일로 '행동 발판'을 만들거나 과제를 세분화는 등, 행동의 첫 단계가 너무 간단하고 쉬워서 도저히 하지 않을 수 없을 정도로 만들어 보자.

준비됐다는 착각에서 벗어나라

조건이 완벽해질 때까지 기다리는 것,
이 함정에서 벗어나자.

　행동에 관한 한 답은 명확하다. "지금 시작하라." 그렇다, 바로 지금이다. 일을 시작하려는 순간 당신의 머릿속에 쏟아질 수많은 변명과 자기 합리화에 귀 기울여 보자. 대개 이런 식의 변명을 하게 된다.

　'서둘러선 안 돼. 제대로 하려면 계획이 필요하니까….'

　'아직 준비가 덜 됐어.'

　'조금만 더 기다려 볼래. 지금은 적절한 때가 아니야.'

　'하지만 난 완벽하게 하고 싶단 말이야….'

물론, 계획을 세우고 의식적으로 전략을 짜는 것은 매우 가치 있는 일이다. 하지만, 솔직히 말해 보자. 이런 변명의 진짜 의도는 다른 데 있지 않은가?

앞서 우리는 행동에 대한 대표적인 오해, '동기가 있어야 행동할 수 있다'를 살펴보았다. 이번 절에서는 이 오해의 흔한 '변형'들을 살펴볼 것이다. 우리가 '충분히' 훌륭해져야, 충분히 준비되어야, 충분한 정보가 있어야, 충분한 자신감이 있어야, 또는 충분히 능숙해져야 행동할 수 있다고 믿는 경우들이다. 여기에는 웃지 못할 아이러니가 있다. 바로, 우리는 스스로 나아지기 전까지는 나아질 수 없다고 생각한다는 점이다. 이 얼마나 모순된 생각인가!

행동을 미루는 버릇은 이런 식으로 모든 조건이 완벽히 갖춰질 때까지 당신이 '기다리고' 있다는 가장 뚜렷한 신호다. 동시에 이것은 함정이다. 당신은 적절한 때를 기다리며 행동을 미루지만, 그 '완벽한 순간'은 오히려 점점 더 멀어지는 것처럼 느껴진다. 결국, 행동은 점점 더 불가능한 일처럼 느껴질 뿐이다. 이미 앞에서 살펴봤듯이 '준비'와 '계획'이라는 이름으로 포장된 '미루기'야말로 가장 위험한 형태의 미루기다.

단도직입적으로 말하자면 '준비된 상태'라는 것은 그저 착각일 뿐이다. 이는 당신이 실제로 도달할 수 있는 상태가 아니다. 설령 필수적이라고 생각했던 조건들이 하나씩 충족되더라도 목표 지점은 계속 바뀔 것이고, 곧 또 다른 이유가 생겨나 '아직은 행동할 수 없다'라는 생각이 들 것이다.

'시간이 좀 더 필요하다'라는 마음이 들 때 이 핑계 뒤에 숨은 진실이 무엇인지 살펴보도록 하자. 사실 당신은 이미 알고 있다. 마법처럼 여분의 시간이 주어진대도 결국 허비해 버릴 가능성이 크다는 것을. 따라서 '준비가 되기 전에' 시작해야 한다. 애초에 당신이 준비되었는지 따져 보는 것 자체가 무의미한 일이다. 기술이나 지식이 부족하다면 그럴 때일수록 행동하는 것만이 자신을 성장시킬 유일한 방법이다.

첫발을 내딛기 위해 계단의 꼭대기를 봐야 할 필요는 없다. 사실, 계단 전체를 보려면 계단 꼭대기까지 올라가는 수밖에 없다. 할 만한 가치가 있는 일들은 대개 시간이 흐르면서 점진적으로 그 모습이 드러나게 된다. 따라서 그 길이 어떤 모습인지는 그 길을 직접 걸어 보기 전에는 알 수 없다.

**"완벽이란 존재하지 않으며 '준비된 상태'도
존재하지 않는다. '적절한 시기'란 것도 없다.
지금만이 우리에게 주어진 유일한 시간이다."**

설령 완벽이란 것이 존재한다 해도 당신의 노력이 완벽할 필요는 없다. 그 자체만으로도 충분한 가치가 있다. 당신이 어떤 일을 하는 '과정 중'에 있다는 것은 말 그대로 '완벽할 수는 없다'라는 뜻이다. 처음에는 잘 될 리가 없다. 하지만 그 모든 중간 단계를 거치면 훌륭한 수준에 이를 수 있다. 완벽주의자들은 서툴고 부족한 자신을 견디지 못해서 발전의 기회가 되는 소중한 경험들조차 스스로 차단해 버리고 만다.

완벽주의자들은 배움의 과정에서 피할 수 없는 부끄러운 순간을 피하고 싶어서 '앞으로 건너뛰기'만을 원한다. 하지만 이런 생각을 뒤집어 보자. 골치 아프고 확신할 수 없는 순간들이야말로 당신의 실력을 쌓고 자신감을 키울 수 있는 때이다. 실수를 예상하되 필요 이상으로 의미를 부여할 필요는 없다. 단지 배움의 과정에서 반드시 거쳐야 하는 한 부분일 뿐이다.

만약 당신이 평생 미루기만 해 온 사람이라면 행동하지 못하는 수많은 이유가 머릿속에서 자동으로 떠오를 것이다. 어쩔 수 없이 그런 생각이 드는 것은 인정하고, 그래도 시작하라. 자신감이 없고, 불안하고, 긴장되는가?

괜찮다. 일단 행동하라.

> **"행동하는 것만이 당신에게 자신감과 확신 그리고 내적 안정을 가져다줄 것이다."**

기분과 상관없이 일을 시작할 수 있는 가장 좋은 방법은 '진입점Entry point'을 만드는 것이다.

지금 당신의 할 일 목록에 있는 오랫동안 미뤄 둔 일들을 한번 떠올려 보라. 어떤 것들인지 당신도 잘 알 것이다. 계속 미루고는 있지만 마음 한구석을 짓누르며 신경 쓰이게 하는 바로 그 일들 말이다. 그중 하나를 골라 다음 단계에 따라서 해 보자:

1. 최대한 구체적으로 만들라. '이 정도는 그냥 해도 되겠지'라고 대충 넘기면 안 된다. 의식적으로, 실행할 수 있는 가장 작은 행동 단위들로 일을 나누어 생각해야 한다. 만약 이렇게까지 하는 것이 어렵다면 적어도 당신이 해야 할 일이 명확해질 때까지는 작업을 세분화할 필요가 있다.

2. 먼저 할 일을 파악하라. 당신이 해야 할 각 작업의 대략적인 순서를 정하고 논리적으로 자연스럽게 이어지도록 배열하라. 자신이 가장 먼저 해야 할 일이 무엇인지 파악해야 한다. 만약 어떤 작업이 모호하거나 부담스럽게 느껴진다면 그 작업을 하기 전에 먼저 해야 할 것은 무엇인지, 무엇을 먼저 완료해야 하는지 계속해서 구체화하고 세분화하라. 이 과정에서 일의 시작점을 여러 번 조정하게 될 수도 있다.

3. 진입점을 찾아라. '진입점'이란 당신이 정체된 상황에서 벗어나 움직이기 시작할 때 떠올려야 할 구체적인 행동이라고 할 수 있다. 이것의 역할은 당신이 과정에 진입하는 것을 한결 수월하게 느낄 수 있도록 하는 것이다. 진입점은 보통 과정의 첫 작업일 때가 많지만 꼭 그래야 할 필요는 없다. 전체 과정에서 보면 전혀 중요하지 않은 일이 될 수도 있으나 당신을 움직이게 만든다는 점에서 의미가 있다. 앞으로 저항에 직면할 때마다 이 진입점을 떠올리고 바로 그것을 목표로 하라.

규모가 방대하고 복잡한 일을 마주할 때면 당신의 뇌는 당신을 이렇게 설득하려 들 것이다. '그건 너무 벅차고, 너무 두렵고, 너무 재미없는 일이야.' 그러다 보면 해당 과제에 대한 심리적 장벽이 생겨서 도무지 할 엄두가 나지 않는, 해결할 수 없는 일로 느끼게 된다. 만약 당신의 할 일 목록에서 절대 사라지지 않고 해결되지 않는 '좀비 항목'이 있다면 이제는 자문해 볼 때다.

'이걸 시작하려면 먼저 무엇부터 해야 할까?'

그리고 이어서, '그러면 그전에는 뭘 해야 하지? 그전에는?' 하고 자신에게 물어보자.

이렇게 역순으로 접근하다 보면 '좀비 항목'에 대한 불안감이 조금씩 걷히면서 일에 발을 들여놓을 수 있는 현실적인 방법이 보이기 시작한다. 해야 할 작업들이 구체적이고 실행 가능한 형태이며 충분히 감당할 만한 수준인지 수시로 점검하라. 작업은 단순하고 전체 과정과 논리적으로 연결되며 바로 시작할 수 있을 정도로 쉬워야 한다.

예를 들어, 당신이 번거로운 보험금 청구 작업을 해야 한다고 가정해 보자. 이 작업은 몇 주째 당신의 할 일 목록에 있던 터라 보기만 해도 속이 불편해질 정도다.

1. 작업을 여러 개의 하위 작업으로 쪼개어 명확히 만들라(필요하다면 아주 작게 나누는 것도 괜찮다). 이를테면 보험사 전화번호 찾기, 보험증서 찾기, 보험증서 읽기, 청구 방법 정확히 파악하기 등이 있다.

2. 이렇게 작업을 세분화하고 나면 첫 단계로 가장 적절한 것은 보험증서를 찾는 것임을 깨닫게 된다. 보험증서

가 있으면 다음으로 무엇을 해야 할지가 더 분명해질 것이다. 어쩌면 보험증서를 찾기 전에 해야 할 일이 있을 수도 있다. 다락방에 올라가서 서류 상자를 뒤지는 일처럼 말이다.

3. 당신의 진입점을 정한다. 일단 보험증서를 찾으면 당신은 거기 적혀 있을 보험사 전화번호를 '확인하기만' 하면 되는 것이다. 이 작업은 너무나도 간단해서 단 2분 만에 해낼 수 있을 것처럼 느껴질 것이다. 진입점을 확인했으면 이제 시작하는 것뿐이다.

시작하는 것만으로도 할 일이 갑자기 확 줄어든 것처럼 느껴진다. 머릿속 계산으로는 보험금 청구를 위해 수천 가지 일을 해야 할 것만 같았다. 하지만 보험사에 전화를 거는 것만으로도 이미 해야 할 일의 절반을 해내는 것이다. 복잡한 행정 업무를 앞두고 마음의 준비를 해야 할 것 같은 부담감은 그저 착각에 불과했다. 당신은 한 시간도 안 되어 보험금 청구를 마치고, 이렇게나 간단한 일이었다는 사실에 당혹스러울 것이다.

오늘의 행동 과제

당신의 '할 일 목록'에서 여태껏 미루기만 하고 피하기만 했던 귀찮은 일 하나를 골라 이 절에서 배운 3단계 방법을 적용해 보자. 일을 최대한 작게 나누고, 일의 순서를 정하고, 당신이 목표로 할 '진입점'을 정하는 것이다. 그리고 실행하라. 어떤가, 그 일이 예상했던 것만큼 힘든 일이었는가?

승자의 사고방식을 개발하라

의존적 사고방식이란 무엇인지,
그리고 어떻게 극복할 수 있는지 알아보자.

이 절에서는 당신이 주도적으로 행동하지 못하게 하는 흔한 심리적 장벽에 대해 좀 더 깊이 들여다보려 한다. 우리는 미루는 습관이 잘못된 사고 패턴과 깊은 관련이 있다는 것을 이미 알고 있다. 하지만 행동을 미루는 사고 패턴은 이보다 더 광범위하고 오래된 사고방식에 뿌리내리고 있다.

우리가 가진 두려움, 사고 패턴, 변명, 자기 합리화의 이면에는 강한 신념이 자리 잡고 있다. 그것은 바로, '우리는 결국 어떤 식으로든 인생에 휘둘리고 마는 피해자'라는 생각이다. 하지만 자신의 이 같은 의존적 사고방식을 인정하기란 쉽지 않다. 그러기 위해선 먼저 '불공평한 인생이 나를 이렇게 만들었다'라는 생각을 버려야 하고, '스스로 이런 태도를 선택했다'라는 사실을 인정해야 하기 때문이다.

자신에게 도움이 되지 않는 생각을 찾아내 그것을 바꾸려 애쓰는 것은 분명 바람직하다. 하지만 그러한 생각의 뿌리를 제대로 처리하지 않는다면 그 생각은 끈질긴 잡초처럼 계속 자라날 것이다.

만약 당신의 '전반적인' 사고방식이 행동을 가로막고 방해한다면, 개별적인 사고 패턴의 수준이 아니라 그 밑바탕에 깔린 더욱 커다란 신념부터 바로잡아야 한다.

여기서 의존적 사고방식을 더 깊이 다루지는 않을 것이다. 결국 그 본성은 '내 삶의 주도권이 나에게 없다'라는 생각에 있다는 점만 알아 두면 충분하다. 사실 우리 대부분이 때로 이런 의존적 사고방식의 유혹에 잠시 빠질 수 있다. 하지만 다음과 같은 모습이 지속해서 나타난다면 주의 깊게 살펴볼 필요가 있다:

- 실패의 원인을 다른 사람이나 환경 탓으로 돌리는 일

이 잦다.
- 유독 자신에게만 불운이 따른다고 느끼고 자신이 겪은 일들이 특히 불공평하다고 느낀다.
- 이따금 무언가를 하기 전에 누군가의 허락, 동의, 승인을 구하고 있는 자신을 발견한다. 다른 사람의 의견을 듣기 전까지는 자기 생각조차 갖지 못한다.
- 자신보다 못한 처지에 있는 사람들을 찾아 위안으로 삼는 일이 있다!
- 누군가가 나타나 모든 문제를 해결해 주고 자신의 부담을 덜어 주기를 은근히 바란다. 쉽게 가는 지름길이나 비결이 있기를 기대한다.
- 마음 깊은 곳에서 자신보다는 다른 사람들이 더 유능하고 효율적이라고 생각한다.
- 자신은 힘이 없고 능력도 부족하다고 느끼며 '난 원래 이런 사람'이라서 바뀔 수 없다고 믿는다.
- 실패와 힘든 일을 싫어하며 심지어 자신은 특별해서 그런 일을 겪지 않아도 된다고 은연중에 믿는다.
- 자주 자기 연민에 빠지며 행동하지 않는 '이유'를 찾는 일에 많은 시간을 할애한다.

- 자신이 원하는 것에 집중하기보다는 실패, 거절, 비판, 또는 다른 사람의 객관적인 시선이나 평가를 피하기에 급급하다.

분명 이런 모습들은 그다지 좋아 보이지 않는다! 하지만 우리의 문제적 사고방식을 현실로 직시하는 것은 변화와 더 나은 대안을 찾는 과정에서 필수적이다. 그리고 그 대안이 바로 '승자의 사고방식Victor mindset'이다.

주도적인 사람이 의존적인 사람보다 더 똑똑하거나, 더 재능이 뛰어나거나, 더 운이 좋은 것은 아니다. 오히려 주도적인 사람은 자신의 책임을 능동적이고 의식적으로 받아들이며 자신이 통제할 수 없는 것들이 있음을 성숙하게 인정한다. 이들은 설령 일이 잘못되더라도 자기 비난에 빠지지 않는다. 또, 어려운 상황이 닥쳐도 누군가나 무언가가 자신을 방해하는 것으로 여기지 않는다. 결국 주도적인 사람이 더 많은 것을 해내는 이유는 자신에게 더 큰 권한과 능력이 있음을 스스로 믿기 때문이다. 그게 전부다.

그렇다면 어떻게 의존적 사고방식을 승자의 사고방식으

로 전환할 수 있을까?

① 남들과 비교하거나 경쟁하지 마라

의존적인 사람은 (긍정적으로든 부정적으로든) 자신을 다른 사람과 비교하는 경향이 있다. 그 결과, 외부의 평가에 따라 자신의 가치를 판단하게 된다('바른 비교'에 대해서는 뒤에서 더 자세히 다룰 예정이다).

> "자신의 가치관과 목표에만 집중하라.
> 다른 사람이 뛰어나다고 해서
> 당신이 자신감을 잃는 일은 없어야 한다."

당신 자신을 평가의 '기준'으로 삼아야 한다. 다른 사람이 뭘 할 수 있는지, 혹은 '보편적인' 기준이 무엇인지에 집착하지 마라. 대신 일주일 전이나 한 달 전의 자신과 비교해서 스스로 얼마나 발전했는지 살펴보자.

❷ 실패를 다르게 바라보라

　마인드셋 전문가 캐롤 드웩Carol Dweck이 말하는 '고정형 사고방식Fixed mindset'이 바로 의존적인 마음의 평균적 상태이다. 이는 우리가 스스로 성장할 수도, 배울 수도, 진정한 변화를 이룰 수도 없다고 믿는 사고방식이다. 이러한 사고방식에 따라 우리는 작은 실패에도 '나라는 인간은 실패 그 자체'라고 여기게 된다. 결국 우리는 실수할 위험조차 감수하지 않으려 하고, 스스로 앞길을 막기까지 한다.

　이제 그런 자기 파괴적인 생각은 접어 두고 현실과 마주해야 할 때다. 실패를 삶에서 지극히 자연스러운 일로 받아들이고 환영하라. 실패를 실패로 생각하지 말고 그저 하나의 '데이터'로 받아들이기를 추천한다. 그러니까, 당신의 방향을 바로잡고 다듬기 위한 '정보'로 말이다. 실패를 발판 삼아 성장하고 앞으로 나아갈 수 있는데 자책하며 시간을 허비할 이유가 있을까?

　실패가 너무 두렵고 부담스럽다면 오히려 적극적으로 사

람들에게 피드백을 구하고 감사히 받아들이는 연습을 해 보자. 당신의 완벽하지 않은 모습이 드러난다고 해서 세상이 끝나는 것은 아니다! 자신의 실수를 웃어넘길 줄도 아는 것이 더 큰 해방감을 가져다줄 것이다. 당신이 완벽해야 한다는 생각은 대체 어디서 온 것인가? 누구도 당신이 완벽해야 한다고 생각하지 않는다.

③ 수치심과 비난에서 벗어나라

의존적 정신 상태에 있는 사람은 자신이 행동하지 못하는 것으로 다른 사람을 탓하는 습관이 있다. 하지만 그렇다고 해서 비난의 화살을 자신에게 돌리는 것은 해결책이 될 수 없다. 차라리 '비난할 생각 자체'를 완전히 잊어버리자. 자신의 잘못이든 다른 사람의 잘못이든, 누군가의 잘못을 찾는 일에 몰두하다 보면 정작 눈앞에 있는 소중한 교훈과 성장의 기회를 놓칠 수밖에 없다.

피해자가 있는 한 가해자도 반드시 존재하기 마련이다. 따라서 의존적 정신 상태에서 진정 벗어나고 싶다면 모든 상황에서 "나쁜 놈"을 찾아내려는 그 심리부터 내려놓아야 한다. 스스로 비난의 대상이 되는 것도 멈춰야 한다!

실패에 연연하면서 '나는 뭐가 문제지?', '인생은 왜 이렇게 불공평할까?', '사람들은 왜 이렇게 나쁜 걸까?'라는 질문에 빠지기보다는 생산적인 행동으로 이어질 수 있는 질문을 해 보자. 예를 들면 이렇다. '무슨 일이 있었지?', '어떻게 해야 다음에 더 잘할 수 있을까?', '이번 일에서 무엇을 배웠지?', '잘된 부분은 어떻게 더 잘할 수 있을까?'

오늘의 행동 과제

오늘은 좀 색다른 과제를 주려 한다. 당신이 절대 잘하지 못할 것 같은 일을 하나 골라서 '완벽하지 않게' 수행해 보자. 작은 일이라도 좋다. 단, 중간에 도망쳐서는 안 된다. 이 과정에서 혹시 자신에게서 의존적 사고방식이 작동하는 순간이 있다면 주의를 기울여 보자. 그리고 의식적으로, '이 경험에서 나는 무엇을 배웠지?'라고 질문해 보자.

2장 핵심 요약

- 행동하지 못하게 만드는 요소는 크게 세 가지로 나눌 수 있다. 제한적인 신념과 사고방식, 두려움과 같은 부정적 감정들, 그리고 실제로 부딪히는 현실적인 어려움이다. 저항감이 드는 것은 자연스러운 일이지만 그렇다고 이것이 행동을 포기해야 한다는 신호는 아니다.
- 두려움은 실체가 없다. 대개는 부정적 결과에 대한 우리의 상상에서 비롯된 것이다. 어려움은 분명 존재하지만 그 어려움에 어떻게 대처하느냐가 성공을 결정짓는 진정한 요인이다.
- 동기가 행동을 만드는 게 아니라 행동이 동기를 만든다. 행동을 취하면 추진력과 탄력이 생겨 계속 행동할 수 있다. 기억하라, 당신이 해야 할 일은 단지 다음 단계를 밟는 것뿐이다. '행동 발판'과 '작은 보상'을 활용하면 행동의 흐름을 이어가기가 더 수월해진다.

- 무언가를 시작하려면 에너지가 들기 때문에 시작에 필요한 활성화 에너지를 줄이면 행동으로 옮기기가 더 쉬워진다. 첫 단계는 최대한 쉽게 만들라. 작업을 세분화하고, 계획에 시간을 허비하지 말며, 일을 복잡하게 만들지 말자. 행동을 유도하는 환경을 조성하고 주의를 산만하게 하는 것들은 과감히 제거해야 한다.
- 언젠가 '준비된 상태'가 될 거라는 환상을 버리고 지금 모습 그대로 행동하라. 완벽이란 없고, 준비된 상태도 없으며, '적절한 시기' 또한 없다. 자신이 '과정 중'에 있음을 기꺼이 받아들이자.
- 의존적 사고방식을 버리고 삶을 주도적으로 이끌어 가는 '승자의 사고방식'을 탑재하자. 실수를 부끄러워 말고 실패를 통해 배울 수 있는 용기를 갖자.

3장

포기하지 않고 나아가는 법

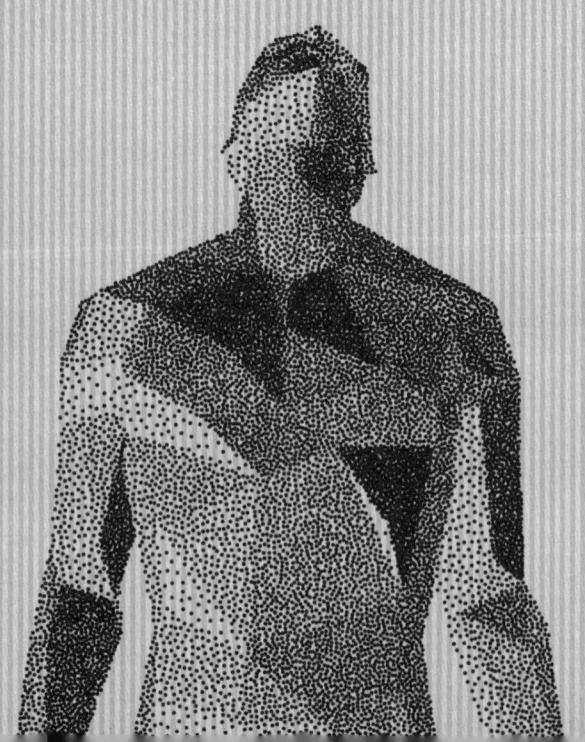

시작이 가장 어렵지만, 그것이 전부는 아니다. 앞선 1장과 2장에서 우리는 당신의 회피 심리를 정확히 파악하는 것과 이를 극복하는 것에 집중했다. 이제는 새로운 질문에 답할 차례다. "초기에 얻은 추진력을 어떻게 지속할 것인가?"

그 답은 바로 '일관성'에 있다. 즉, 당신에게 필요한 것은 단지 한 번 행동하는 능력이 아니라 그 행동을 거듭 반복하며 경험을 축적하는 '지속적인 실행력'이다. 그리고 이는 우연이나 의지만으로는 이뤄지지 않는다. 의식적으로 설계

한 습관과 그 습관을 흔들림 없이 이어가는 자기 절제와 내적 규율이 함께할 때 비로소 가능해진다.

 자, 이제 시작해 보자.

자기 절제의 세 가지 유형

자기 절제의 세 가지 유형을 알고
끝까지 밀어붙일 수 있는 능력을 기르자.

이야기를 계속하기에 앞서 진지하게 자문해 보자. 당신이 생각하는 '자기 절제Self-discipline'는 무엇인가? 우리는 모두 삶에서 자기 절제가 필요하다는 것쯤은 알고 있다. 하지만 자기 절제가 실제로 어떻게 작동하는지 그리고 어떻게 해야 자기 절제력을 갖춘 사람이 될 수 있는지 제대로 이해하고 있을까?

자기 절제란 그저 지긋지긋한 단조로움을 견디며 똑같은 하루하루를 살아가는 걸 의미할까? 아니면, 모든 것이 철저히 계획되어 있어서 오직 일정표에 따라 움직이는 숨 막히는 삶을 말하는 걸까? 혹은 용기와 결단력, 그러니까 매일 아침 전투화를 신듯 다짐하며 집을 나서는 열정 같은 걸까? 어쩌면 당신에게 자기 절제는 수도승이나 실천하는 일처럼 느껴질지도 모른다. 새벽 4시에 일어나고 끼니마다 삶은 브로콜리만 먹는 그야말로 고행에 가까운 삶 말이다.

정신과 의사이자 작가인 필 스터츠Phil Stutz는 이 개념을 깊이 고민한 끝에 자기 절제에는 실제로 여러 유형이 있다고 보았다. 그는 '체계적structural 자기 절제', '반응적reactive 자기 절제', '확장적expansive 자기 절제'라는 자기 절제의 세 가지 유형을 제시한다:

① 체계적 자기 절제

첫 번째 유형인 체계적 자기 절제는 체계화되고 질서정연한 하루를 만드는 자기 절제다.

예를 들어 보자. 매일 정해진 시간에 일어나 시간대별로 짜인 일과를 성실히 수행한다. 아침 운동을 하고 간단한 집안일 몇 가지를 마친 뒤 자리에 앉아 업무를 시작한다. 업무 시간 역시 체계화되어 있으며 전체적으로 질서가 잡혀 있다. 이렇게 의식적으로 계획을 세우고 그것을 실천해 나갈 때마다 당신은 점차 삶의 통제권을 손에 쥐기 시작한다. 그 결과, 당신의 시간과 노력은 낭비되지 않고 체계화된 자산이 된다.

이러한 자기 절제는 훌륭하다. 물론, 계획대로 될 때 그렇다는 얘기다. 신중하게 계획을 세우지 않으면 실현하기가 점점 어려워져서 (앞서 다룬 내용과 같이) 의욕이 바닥나 계획이 틀어지고 실패로 이어지는 경우도 많다.

체계화된 자기 절제의 가치는 당연히 그 '체계'에 있다. 하지만 이런 체계는 때로 지나치게 엄격해지고 융통성을 잃을 위험이 있다. 예를 들어, 추가로 할 일이 생겨 집안일을 마치기까지 계획보다 20분 더 걸렸다면 남은 하루를 어떻게 보내야 할까? 이런 단점을 극복하는 방법은 미리 세운 계획이 항상 약간의 유동성을 가질 수 있도록 허용하는 것이다. 어떤 이유로든 조정이나 타협이 필요하다면, 그래도 괜찮다. 체계화된 하루는 단지 가장 '이상적인' 시나리오일 뿐이다. 오늘 그 기준을 충족하지 못하더라도 내일 다시 노력하면 된다.

⊙ 반응적 자기 절제

위에 등장하는 '조정하고 타협할 수 있는 능력'이 바로 자기 절제의 두 번째 유형, 즉 예기치 못한 상황에 유연하게 대처하는 '반응적 자기 절제'의 특징이다.

체계와 질서를 잘 갖추면 우리는 정해진 틀에 따르는 것만으로도 목표를 달성할 수 있다. 하지만 현실에서는 우리가 통제할 수 없는 온갖 변수와 사건들이 끊임없이 발생한다. 따라서 진정한 성공은 계획대로만 움직이는 것이 아니라 상황에 맞게 조정하고, 적응하며, 임기응변할 때 찾아오기도 한다.

예를 들어 보자. 함께 운동하기로 한 친구가 갑자기 약속을 취소했다든가, 노트북이 고장 났다든가, 아니면 삼촌이 몸져누워 도와드려야 할 상황이라고 해 보자. 어떻게 해야 할까? 아무리 자기 절제를 발휘한다 해도 피할 수 없는 현실과 예기치 못한 상황을 바꿀 수는 없다. 어떤 사람들은 평소에는 철저히 절제된 모습을 보이다가도 계획이 무너지는 순간 마치 모든 것을 내팽개쳐도 된다는 듯이 행동한다. 그리고 이런 일이 있고 나면 갑작스러웠던 상황을 핑계 삼아 스스로를 합리화하기도 한다. "현실적으로 불가능한 일이었어. 내 계획대로 끝까지 해내는 건 애초에 실현 불가능했다고!"라며 말이다.

하지만 자신이 세운 목표와 자신과의 약속을 포기하지 않으면서도 삶의 예기치 못한 순간에 의미 있고 지혜로운 반응을 할 수 있도록 돕는 자기 절제의 유형은 반드시 있다. 그것은 우리가 가는 길 위에 언제든 돌발 변수가 나타날 수 있음을 받아들이고 작은 차질 정도는 기꺼이 감수할 수 있는 태도다.

③ 확장적 자기 절제

마지막으로, 자기 절제의 세 번째 유형은 의도적으로 안전지대를 벗어나 자신의 한계를 넘어서는 '확장적 자기 절제'다.

체계적 자기 절제는 우리를 설계된 범위 안에서 움직이게 하고 반응적 자기 절제는 예상하지 못한 상황에서 현명하게 대처하게 한다. 한편, 확장적 자기 절제는 '여기서 무엇을 더 할 수 있을까?'를 고민하는 것이며, 더 큰 포부를 가지는 것과 성장하는 것을 추구한다.

예를 들어, 당신이 1년 동안 매달 양질의 책을 한 권씩 읽겠다는 목표를 세웠다고 해 보자. 어느 달 당신은 3주 만에 한 권을 다 읽었고 월간 목표를 일찍 달성했다며 거기서 멈출 수도 있다. 하지만, 다음으로 읽을 책을 읽기 시작하는 것도 한 방법이다. 더 나아가 처음 세웠던 연간 목표를 뛰어넘는 도전을 해 보는 것은 어떨까? 올해 목표를 15권으로 늘리거나 아니면 더 어려운 책을 골라 한층 더 깊이 있는 독서에 도전하는 것도 가능하다!

확장적 자기 절제란 간단히 말하면 이미 지나간 성취에 안주하지 않고 성장에 속도를 더할 수 있도록 경험의 최전선에 자신을 위치시키는 것이다. 매일 같은 무게만 들어서는 근육은 발달하지 않는다. 이렇게 생각해 보자. '우리가 성장하지 않는다면 우리는 사실상 제자리걸음을 하는 것이다.' 확장적 자기 절제는 현상 유지에 그치지 않고 끊임없이 성장하려는 노력이라고 할 수 있다.

이 밖에도 다양한 유형의 자기 절제가 있다. 감정적 자기 절제(자기 조절 및 관계 조절 능력), 인지적 자기 절제(주의력과 집중력 유지), 충동 조절과 자기 절제, 지적 자기 절제(비판적 사고, 인내심, 지적 정직성 함양), 재정적 자기 절제, 가정 내 자기 절제(건강한 환경을 유지하는 능력), 사회적 자기 절제(경계 설정과 의무 준수), 신체적 자기 절제, 심지어 디지털과 정보에 관한 자기 절제도 있다.

하지만 이것들은 자기 절제의 세 가지 핵심 유형을 실현하는 방식으로 보는 것이 더 적절하다. 즉, 자기 절제력이 있는 사람은 자기 절제의 핵심적인 세 가지 유형을 모두 갖추고 있으며 구체적으로 언제 어떤 것을 선택해야 하는지 알고 실행하는 사람이다:

- 자신의 하루를 계획하고, 체계화하고, 정리 수 있는 사람
- 예기치 못한 일이 일어났을 때 현명하게 조정하고, 적응하며, 반응할 수 있는 사람

- 끊임없이 자신을 밀어붙여 더 많이, 더 멀리 가는 사람

개인에 따라 특정 유형이 다른 유형보다 더 수월하게 느껴질 수 있다. 목표하고 의도한 바를 이루기 위해서는 자기 절제의 세 가지 유형에서 모두 뛰어나야 할 수도 있다. 어떤 경우든 자기 절제가 정확히 무엇인지 그리고 그것이 어떤 형태로 나타날 수 있는지를 깊이 이해하는 것이 핵심이다.

그럴 수 있다면 우리는 늘 똑같은 지루한 일상에 갇히지 않을 것이고, 완벽하지 않으면 아예 하지 않겠다는 극단적인 사고방식에 빠지지도 않을 것이다. 또, 스스로 성장을 멈추고 안전지대에 머무르는 일도 없을 것이다.

자기 절제란 개인의 자발성과 창의성을 억누르는 것이 아니다. 경직되고 즐거움이 없는 방식의 절제가 다 미덕인 것도 아니다. 체계적으로 일과를 짜고 철저히 지키되 준비되지 못한 상황에서도 지혜롭게 대처할 수 있어야 한다.

많은 사람이 자기 절제를 단지 '규칙을 세우고 따르는 것'

으로만 알고 있다. 그러나 진정한 자기 절제는 현실에서 유연하고 실용적으로 대처할 줄 아는 능력까지 포함한다.

각 유형에서 당신의 자기 절제력은 실제로 어느 정도인가? 다음 질문에 대답해 보자:

- 목표 달성을 위해 체계적인 계획을 세울 수 있는가? 매일 실천할 수 있는 작지만 구체적인 행동은 무엇인가? 지금 당장 할 수 있는 일은 무엇인가? (체계적 영역)
- 계획대로 되지 않을 때 어떻게 하겠는가? 겪을 수도 있는 잠재적 어려움은 무엇이며 어떻게 예비하겠는가? 어떤 '대안'이 있는가? 일어날 수 있는 최악의 상황은 무엇인가? (반응적 영역)
- 당신의 장기적 비전은 무엇인가? 지금의 목표를 달성한 후에는 무엇을 할 것인가? 일어날 수 있는 최고의 결과는 무엇인가? 그보다 더 나아갈 가능성은 없는가? (확장적 영역)

오늘의 행동 과제

자기 절제력이 있는 사람이란 '하루를 계획하고, 체계화하고, 정리할 수 있으며, 예기치 못한 일에 현명하게 반응하고, 대처하고, 끊임없이 자신을 밀어붙여 더 많은 것을 이루고, 더 멀리 나아가는 사람'이다. 당신은 이러한 정의에 얼마나 부합하는가? 당신에게 가장 부족한 자기 절제의 유형은 무엇이며, 개선을 위해 무엇을 할 수 있는가?

매일 1퍼센트씩 더 나아져라

복리의 법칙을 이해하고
꾸준히 성장하는 방법을 알아보자.

다음과 같은 이야기가 전해져 내려온다.

고대 인도의 한 왕이 체스를 처음 접하고 너무나 감명받은 나머지 체스를 발명한 사람을 불러 상을 내리고자 했다. 왕은 그에게 원하는 것은 무엇이든 주겠다고 약속했다. 그러자 그 발명가는 첫날에는 체스판의 한 칸에 해당하는 쌀 한 알만 달라고 청했다. 그리고 다음 날에는 그다음 칸에 대해 두 배의 쌀을 받으러 오겠다고 했고, 이런 식으로 체스판의 64개 칸 전부에 대해 매일 전날보다 두 배씩 늘어나는 쌀을 달라고 했다.

왕은 별생각 없이 그 제안을 받아들였다. 첫날 그는 발명가에게 쌀 한 알을 주었고 다음 날에는 두 알을, 삼 일째는 그 두 배인 네 알을, 그리고 그다음 날은 여덟 알을 줬다. 이후로도 발명가에게 줘야 할 쌀알의 개수는 두 배씩 계속 늘어났다. 열 번째 체스 칸에 이르러서는 512알이 되었다. 그러다 스무 번째 칸에서 52만 4,288알까지 늘어나며 왕은 슬슬 걱정되기 시작했다. 스물네 번째 칸에서는 800만 알이 넘었고, 왕은 자신이 실수했음을 깨닫기 시작했다. 36일째 되는 날에는 340억 알에 달했고, 64일째가 되자 발명가에게 줘야 할 쌀알의 최종 개수는 무려 1,844경 6,744조 737억 955만 1,615알로, 에베레스트산의 높이와 맞먹는 어마어마한 양이 되었다.

이제 감이 올 것이다. 기하급수적인 성장 곡선은 아주 적은 양도 순식간에 엄청난 양으로 불릴 수 있다. 쌀알이 산더미처럼 불어났듯이, 우리가 들이는 사소한 노력도 같은 원리로 엄청난 결과를 만들 수 있다.

지속적인 발전이란 매일 작은 변화를 쌓으면 시간이 흐를수록 이 변화들이 서로 결합하여 절대 작지 않은 무언가를 만들어 내는 원칙이다. 우리는 쌀 한 알로도 시작해서 키워 나갈 수 있다. 앞선 이야기에서는 숫자가 매번 두 배씩 증가해 결국 걷잡을 수 없이 커졌지만, 실제로 우리는 어제보다 단 '1퍼센트씩' 나아지는 것만으로도 이런 '복리 효과'를 누릴 수 있다. 이처럼 놀라운 변화가 가능한 것은 오늘의 성장이 어제의 성장을 발판으로 삼기 때문이다.

작은 변화라도 일관성 있게 쌓아 가다 보면 결국 한 번의 비약적인 발전보다 훨씬 더 큰 것을 이뤄낼 수 있다. 겉보기엔 화려하지도, 대단해 보이지도 않을 수 있다. 하지만 위 이야기 속 한 알의 쌀도 처음에는 그랬다!

> **"매일 어제보다 조금 더 나은 행동을 하고
> 이미 달성한 성과는 유지하면서
> 조금씩 발전하면 결과는 반드시 따라올 것이다."**

우리는 이미 자기 절제가 단순히 지루하게 반복되는 일과를 끝없이 견뎌 내는 의지가 아님을 알고 있다. 복리처럼 늘어나는 노력 덕분에 당신은 더는 같은 일만 반복하지 않아도 된다. 매번 다르게, 조금씩 나아지는 모습이 되는 것이다.

우리가 복리 효과를 활용하지 못하게 막는 유일한 걸림돌은 바로 우리의 사고방식이다. 우리는 다음과 같은 오해와 착각을 한다:

- 노력은 당장 큰 보상이 따를 때만 가치 있다.
- 점진적인 변화보다 급격하고 전면적인 변화가 더 가치 있다.
- 목표 달성 과정은 늘 흥미진진해야 하고 심지어 영웅적이어야 한다.
- 작은 행동은 작은 보상만 가져온다.

특히 마지막 항목은 더 주의 깊게 살펴볼 필요가 있다. 아주 짧은 시간만을 놓고 본다면 사실 1퍼센트 더 나아지는 것과 아무것도 하지 않는 것 그리고 1퍼센트 더 나빠지는 것 사이에는 큰 차이가 없다. 그냥 보기에는 차이가 전혀 없다고 착각할 수도 있다. 하지만 그 차이는 시간이 지나면서 확연히 드러난다. 올바른 방향으로 내딛는 작은 걸음은 오늘 당장 눈에 띄는 변화를 불러오지는 않을 것이다. 하지만 그것이 가장 좋은 선택이라는 것과 미래에 가장 긍정적인 영향을 미칠 것이라는 사실은 변하지 않는다.

제임스 클리어James Clear에 따르면, 우리가 매일 1퍼센트씩 개선해 나가면 1년 후에는 지금보다 거의 38배 개선된 상태가 된다. 게다가 좋은 점은 그 과정에서 급격한 변화를 시도할 필요가 전혀 없다는 것이다.

그렇다면 우리는 이 복리의 법칙을 어떻게 실생활에 적용할 수 있을까?

① 효과 있는 것을 더 많이 하라

과감하고 참신한 방법을 찾아 극적인 변화를 대대적으로 감행해야만 발전할 수 있다고 생각하는 것은 큰 오해다. 이미 잘하고 있는 것을 더 다듬어 가는 것만으로도 충분히 발전할 수 있다. 지금까지 해 온 행동과 이미 형성한 습관에 집중하고, 바로 이것들을 개선해 보자. 이처럼 평범한 방식을 취하는 것만으로도 엄청난 발전을 이룰 수 있다.

❷ 작은 손실을 피하라

앞선 이야기 속에서 쌀의 양은 절대 줄어들지 않는다. 당신의 삶에서도 마찬가지로 사소한 후퇴도 허용하지 않도록 노력하라. 이미 이룬 것들은 잘 간직하고 지켜나가자. 매일 작은 발전을 이루려 노력하는 동시에 실수를 최소화하고, 쓸데없이 에너지를 낭비하게 하는 요소를 없애는 일에도 신경 써야 한다. '제거Subtraction를 통한 개선'으로 알려진 이 접근법은 실수를 줄이고, 과정을 단순화하며, 불필요한 낭비를 없앰으로써 얻을 수 있는 발전을 의미한다(이 개념은 뒤에서 다시 살펴볼 예정이다).

❸ 과거를 기준으로 발전하라

미래의 목표에만 집중하고 그것과 현재의 자신을 비교하기보다는 과거의 자신과 비교하여 발전을 측정해 보자. 이런 '거꾸로 접근법'은 실제 측정된 데이터를 기반으로 판단을 내릴 수 있게 한다는 이점이 있다. 예를 들어, 지난주 헬스장에서 45킬로그램을 들어 올렸다면 이번 주에는 47킬로그램에 도전해 보는 것이다.

특정한 중량을 들어 올리는 것을 최종적인 목표로 삼을 수도 있다. 하지만 단순히 '이전보다 조금 더 들어 올린다'라는 관점으로 대하는 편이 더 수월하고 생산적일 수 있다. 이렇게 하면 집중력을 유지하는 동시에 실용적으로 행동하게 되며, 다른 사람과의 불필요한 비교를 피하고 동기를 유지하기에도 도움이 된다.

하루 일과에서 가장 기본적인 루틴에 초점을 맞추고, 자기 절제의 평범하고 실용적인 부분에 집중해 실행하다 보면, 점점 더 대단하고 인상적인 목표들이 시간이 지나면서 자연스럽게 달성될 것이다. 이 원칙이 바로 다음 절의 주제다.

오늘의 행동 과제

어제 한 행동을 돌아보며 그중에서도 특히 스스로 잘했다고 느꼈거나 자랑스러웠던 행동을 떠올려 보자. 작고 사소한 행동일수록 좋다. 오늘 그 행동을 다시 한번 해 보되 어제보다 한 걸음 더 나아갈 수 있는 방법을 찾아서 시도해 보자. 꾸준한 성장이 더 큰 성공으로 이어질 것이다!

과정이 결과보다 중요하다

목표 달성을 위해서는 반드시 과정을 거쳐야 한다.
오늘 당장 할 수 있는 일에 집중하자.

이 책을 읽고 있는 사람이라면 분명히 마음속에 간절히 바라는 어떤 결과가 있을 것이다. 우리 누구도 의미 있는 목표 없이 만족스러운 하루하루를 살아갈 수는 없다. 그리고 지금쯤, 또 하나의 핵심적인 원칙이 점점 선명하게 드러나고 있음을 느낄 것이다. 당신이 진심으로 원하는 최종 목표는 분명 당신에게 강력한 동기를 줄 수 있다. 하지만 그 목표에 이르는 방법은 결국 하나뿐이다. 바로 지금 이 순간의 행동과 노력에 집중하는 것이다.

하지만 여기에는 씁쓸한 아이러니가 있다. 세운 목표를 이루고자 지나치게 서두르다 보면 정작 그 목표를 이루기 위해 꼭 필요한 사고방식과 태도와는 정반대의 사고방식과 태도를 지니게 될 수 있다. 즉, 지나치게 '결과 지향적'인 태도는 오히려 그 결과를 성취할 수 있는 능력을 약화시킬 수 있다는 뜻이다.

그렇다면 목표를 세우지 말라는 뜻일까? 절대 그렇지 않다. 다만 우리가 세우는 목표의 종류와 방향에 대해 좀 더 깊이 고민할 필요가 있다. 예를 들어, 다음 두 가지 목표를 비교해 보자:

1. 체중 5킬로그램 감량하기
2. 2개월 동안 하루 1,500칼로리 섭취하기

이 두 가지 목표의 차이는 무엇일까? 첫 번째 목표는 결과 지향적이다. 반면 두 번째 목표는 '과정 지향적'이며 우리가 실제로 통제할 수 있는 구체적인 행동에 초점을 맞추고 있다. 예컨대 '체중 5킬로그램 감량하기'는 일종의 결승선과 같다. 이 목표는 우리가 무엇을 이루고자 하는지를 말해 줄 뿐 그곳까지 어떻게 달려가야 하는지는 알려 주지 않는다. 하루아침에 5킬로그램을 감량할 수는 없다. 하지만 매일 1,500칼로리 이내로 섭취하는 것은 가능하다. 이는 현실적으로 실행할 수 있는 일이며 무엇보다도 꾸준히 할 수 있는 행동이다.

우리가 결과를 직접적으로 통제할 수는 없다. 설령 통제할 수 있다고 해도 그것은 어디까지나 매일 반복하는 행동과 선택을 통해 간접적으로 이루어지는 것이다. 유명 출판사가 당신의 책을 내도록 강제할 수는 없지만 있는 힘을 다해 모든 역량을 쏟아부어 원고를 써 내려갈 수는 있다. 매일 조금씩, 꾸준히, 당신은 행동을 통해 한 걸음씩 앞으로 나아갈 수 있고, 그렇게 최상의 결과에 도달할 수 있다.

행동 지향적 목표는 우리를 현실적으로 실천 가능한 영역 안에서 움직이게 한다. 그리고 다시 한번 강조하지만, 결과가 아닌 과정에 집중할 때 오히려 원하는 결과를 얻을 가능성이 크다!

> "앞으로 우리가 나아가야 할 방향은 분명하다.
>
> **목표를 세우되 행동 지향적인 목표를 설정하라.**
>
> **그리고 당신이 통제할 수 있는 것들에만 집중하라."**

이 개념은 '체계적 자기 절제'와도 맞닿아 있다. 매일 해야 할 몫을 미리 정해 두고 그것만 충실히 해내면 된다는 사실을 받아들이는 순간 우리는 뜻밖의 해방감을 느끼게 된다. 심지어 과정이 즐겁게 느껴지기도 한다. 당신은 하루아침에 기적을 이룰 필요가 없다. 결승선에 도달하면 주어질 커다란 보상에 집착할 이유도 없다. 바로 지금, 당신 앞에는 작지만 확실한 성취가 놓여 있다. 그것을 얻을 방법은 오늘 할 일을 해내는 것, 그것뿐이다.

목표를 행동 지향적으로 전환한 뒤 행동 하나하나에 몰입해서 하다 보면 계획했던 일들이 하나둘씩 현실이 되기 시작한다. 물론 최종 목표를 완전히 잊어서는 안 된다. 하지만 그것은 바짝 뒤쫓아야 할 대상이라기보다는 그저 자신이 올바른 방향으로 가고 있는지를 확인하는 용도의 길잡이로 삼는 것이 바람직하다.

얻을 결과만을 머릿속에 그리며 그 상황에 빠져들다 보면 실제로는 아직 아무것도 이룬 것이 없음에도 불구하고 마치 모든 것을 이룬 듯한 착각에 빠질 수 있다. 그 순간 동기는 희미해지고, 목표만 덩그러니 남아서, 과정은 지루해지고, 의욕은 사라진다. 레이스를 완주했을 때의 짜릿한 순간만을 상상하며 그 기분에 오래 취하다 보면 정작 완주의 과정 자체에서는 매력을 느낄 수 없게 된다.

과정 지향적 목표의 가장 큰 장점은 실행 가능성이 매우 크다는 점이다. 이 목표는 구체적인 수치로 과정상의 발전을 측정할 수 있고 달성 여부도 명확히 알 수 있다. 설령 최종 목표를 끝내 달성하지 못하더라도 거쳐 온 과정을 돌아보며 얼마나 좋아졌는지, 무엇이 문제였고 무엇을 개선할 수 있는지 쉽게 파악할 수 있다. 가령, 1,500칼로리가 아니라 1,400칼로리 정도로 조정하는 것이 더 효과적이라는 사실을 깨닫게 될 수도 있다!

지금 당신이 있는 바로 그 자리에서 시작하라. 행동하고 또 행동하라. 그리고 작은 성취를 하나씩 쌓아 가라. 만약 자신이 길을 잃은 것 같고 모든 게 벅차게 느껴진다면 스스로 이런 질문을 던져 보자. 현실감을 되찾게 해 줄 탁월한 질문이다. '내가 다시 길로 돌아가기 위해 할 수 있는 작은 행동은 무엇일까?'

결과 지향적 목표는 직관적인 만족감을 준다. 처음에는 동기 부여가 되는 것처럼 보이지만, 실제로 목표에 어떻게 도달할 수 있는지에 대한 이해는 전혀 갖추고 있지 않다. 대개 결과 지향적 목표는 그저 허황한 꿈이나 공상에 불과할 수 있다. 오히려 그 반짝이는 미래의 모습 때문에 현실에서 의욕을 잃을 수 있다. 내 지금 모습과 되고 싶은 나의 모습 사이의 간극이 한층 더 적나라하게 느껴지기 때문이다. 이런 상황은 당신을 압도하고 당신을 의기소침하게 만든다. 그러다 보면 "내가 뭘 원하는지는 알지만… 이루어질 것 같지는 않아"라거나, 한술 더 떠서 "아마도 이건 내 길이 아니었나 봐" 같은 말을 하게 될지도 모른다.

자신이 '결과 지향적 사고방식'에 휩쓸리고 있다고 생각한다면 현실적으로 통제할 수 있는 단 하나의 것에만 의도적으로 집중하자. 그것은 바로 당신의 '행동'이다.

❶ 현재 진행형인 과정을 우선시하라

결과는 일순간에 불과하다. 그 이상도 이하도 아니다. 하지만 과정은 다르다. 오랜 시간에 걸쳐 꾸준히 성장하면서 새로운 것을 발견해 가는 경험이다. 과정은 당신에게 지속적인 참여를 요구하며 그 속에서 우리는 배우고, 변화하고, 점차 나아진다.

스스로에게 물어보자. "내가 원하는 곳에 도달하기 위해 오늘 내가 실천할 수 있는 작은 행동은 무엇일까?"

이러한 작은 행동들을 중심으로 일상과 루틴을 구성하라. 그리고 어떤 상황에서도 꾸준히 실천하라. 사소해 보이는 행동일수록 더 엄격히 지켜야 한다. 하루의 계획을 미리 세우고 계획한 일은 꼭 해내겠다고 다짐하라. 예를 들면 매일 1시간 걷기, 문제집 하루에 한 장 풀기, 하루에 방 하나씩 정리하기, 책 30페이지 읽기 같은 일이 될 수 있다.

❷ 구체적인 행동에 집중하라

다시 말하지만, 과제를 가능한 작은 단계들로 나누는 것에는 특별한 효과가 있다. 그리고 더 작게 나눌수록 효과는 더욱 커진다. 예를 들어, 작가들은 종종 최종 형태에만 집착하다가 글을 쓰는 흐름을 잃곤 한다. 이를 극복하기 위해서는 "양에 집중하면 질은 따라온다"의 접근법이 필요하다. 당신이 오늘 쓴 500단어가 썩 훌륭하지 않을 수도 있다. 하지만 중요한 것은 당신의 목표가 '완벽한 글쓰기'가 아니라 '글을 쓰는 것' 자체였다는 점이다. 당신은 오늘 그 목표를 달성했고, 자신과의 약속을 지켰으며, 자기 절제력도 길렀다. 이것은 누구도 빼앗을 수 없는 당신만의 성과다. 이처럼 작은 실행에 집중하다 보면 어느 날은 많은 글을 쓰게 될 것이고, 그날 당신은 정말로 좋은 글을 쓰게 될지도 모른다!

③ 작은 성취를 소중히 하라

우리는 지난날 긴 과정의 끝에서 맞이할 크고 눈부신 결과만이 진정으로 가치 있다고 배웠다. 그전까지는 그저 지루함의 연속일 뿐이라고 말이다. 하지만 이는 사실이 아니다!

물론 과정은 겉보기에 그리 흥미롭지 않을 수 있다. 하지만 그 안에는 아주 소소하고 겸손한 방식으로 우리를 보람차게 만드는 무언가가 분명히 있다. 계획을 성실히 지켜나간다면 매일매일 작은 성취를 기념할 수 있다. 자신은 목표한 일을 해낼 수 있다는 것, 그리고 목표에 한 걸음씩 다가가고 있다는 것을 매일 즐길 수 있다는 건 정말 멋진 일이다. 결승선을 통과하는 순간은 금세 지나가지만 결승선에 이르기까지의 즐거움과 기쁨은 훨씬 더 깊고, 더 오래 마음에 남는다.

오늘의 행동 과제

오늘은 그동안 지나온 과정을 돌아보고 성취를 기념해 보자. 얼마나 좋아졌는가? 얼마나 더 목표에 가까워졌는가? 무엇이 어려웠고 무엇을 개선할 수 있는가? 구체적인 수치로 답해 보자. 앞으로의 과정에서 얻는 작은 성취들 역시 매일 기념하기로 하자.

습관 쌓기의 기술

기존의 습관을 바탕으로
새로운 습관을 만드는 방법을 알아보자.

    가치 있는 행동을 매일 꾸준히 하는 것이 목표라면 그 행동을 습관으로 만들어야 한다. 습관은 시작하기까지 필요한 에너지를 줄이고 동기 부여를 지속시킨다. 또한, 작은 행동이 쌓여 강력한 변화를 만들어 내는 '복리 효과'와 점진적인 개선의 힘을 극대화한다. 여기까지는 그럴듯하게 들린다. 하지만 당신이 "새로운 습관을 들이는 건 여간 어려운 게 아니야"라고 생각한다면 이제 그 생각을 바꿔 보자.

    2007년 발표된 옥스퍼드 대학의 한 연구에 따르면 성인의 뇌는 신생아의 뇌보다 뉴런 수가 41퍼센트나 적다고 한다. 이것은 꽤 놀라운 결과다. 당연히 어른이 아기보다 더 많은 것을 알고 있지 않은가?

이 연구 결과를 이해하려면 먼저 '시냅스 가지치기Synaptic pruning'에 대해 알아야 한다. 이는 뇌가 더는 사용하지 않는 뉴런 간의 연결(시냅스)을 제거하고 그 대신 실제로 사용할 시냅스를 만드는 것에 에너지를 집중하는 과정을 뜻한다. 이로써 "쓰지 않으면 잃게 된다"라는 말은 과학적으로도 사실임이 입증된다!

특정 시냅스 연결을 자주 사용할수록 그 연결은 더욱 강화된다. 반대로, 좀처럼 사용하지 않는 시냅스 연결은 시간이 지나면서 사라질 가능성이 크다. 우리의 뇌는 '신경 가소성Neuroplasticity'을 지니고 있어서 가장 필요한 기술을 중심으로 재구성된다. 그리고 어떤 기술이 필요한지는 당신이 반복적으로 하는 행동을 통해 뇌가 스스로 파악한다. 이는 과학적 사실로, 단순한 비유적 표현이나 은유가 아니다. 현재 당신의 뇌는 특정한 행동의 반복과 습관을 통해 당신이 스스로 만들어 낸 결과물이다.

아기의 뇌는 아직 특정한 습관이나 반복적 행동이 자리

를 잡지 않은 말 그대로 잠재력으로 가득 찬 상태다. 시냅스 가지치기조차 아직 이루어지지 않았기에 그 모습은 마치 어떤 형태로도 빚어질 수 있는 부드러운 점토와 같다. 반면, 성인의 뇌는 이미 수많은 가지치기를 거쳤고 현재의 뇌 구조는 과거의 행동, 습관, 선택의 결과를 고스란히 반영하고 있다.

'이런 사실이 새로운 습관을 형성하는 것과 무슨 관계가 있을까?' 핵심은 다음과 같다. 당신의 미래 뇌는 당신이 현재 하는 행동을 토대로 형성된다. 당신은 이미 여러 습관을 지니고 있으며 그 시냅스 연결망은 당신의 뇌 속에 견고히 자리 잡고 있다. 당신에게서 이런 습관은 거의 자동으로 실행되며 별다른 노력 없이도 지속된다. 바로 이 점을 활용하여 '습관 쌓기Habit stacking'를 실천할 수 있다. 즉, 기존의 습관에 새로운 습관을 연결하는 것이다.

당신이 해야 할 일은 단순하다. 이미 가지고 있는 습관을 하나 정하고 여기에 새로 가지고 싶은 습관을 적절히 덧붙이는 것이다. 이미 몸에 밴 기존 습관은 새로운 습관을 위한 신호이자 촉발 요인이 된다. 이렇게 하면 새로운 습관은 쉽고 자연스럽게 형성되고 당신의 뇌는 훨씬 적은 에너지로도 새로운 시냅스를 만들 수 있다.

다음 공식을 활용해 당신의 '습관 쌓기'를 더 쉽고 간단하게 만들어 보자. 이런 문장으로 다짐해 보라:

"나는 (현재 습관)을 하기 전/한 후/하는 동안 (새로운 습관)을 하겠다."

예를 들어 보자.

"아침에 커피를 내리는 동안 짧게 바디스캔Body scan 명상을 하겠다."

"매일 아침 이를 닦기 전에 가벼운 관절 운동을 하겠다."

"퇴근 후 집에 돌아오면 즉시 현관에 둔 운동화로 갈아 신겠다."

특정 상황이나 행동을 다른 행동의 신호로 삼는 간단한 조건문을 활용할 수도 있다:

"X가 발생하면, Y를 하겠다."

이것도 예를 들어 보자.

"즐겨 보는 프로그램이 끝나면 바로 소파에서 일어나겠다."

보다시피, 이런 '습관 쌓기'의 방법은 기존 습관의 규칙성과 자동성을 활용해 새로운 습관을 형성한다. 말 그대로 새로운 시냅스를 만들기 위해 기존의 시냅스를 활용하는 것이다. 시간이 지나 새로운 행동이 자연스러운 습관이 될 때까지 이미 몸에 밴 습관이 단단한 지렛대가 되어 준다.

단순히 습관을 쌓는 것만으로도 완전히 새로운 행동 사슬을 만들어 낼 수 있다는 사실을 깨닫는 순간 삶에서 진정한 변화가 시작된다. 아마도 벌써 알아챘겠지만 '습관 쌓기'를 통해 시작에 필요한 에너지를 낮출 수 있을 뿐만 아니라 계획한 일을 깜빡하는 흔한 함정에 빠지지 않을 수도 있다.

의미 있는 습관을 쌓고 싶다면 기존 습관에 새로운 행동을 논리적이고 유기적인 방식으로 연결하라. 그러면 하나의 행동에서 다음 행동으로 마치 물 흐르듯 자연스럽고 수월하게 넘어갈 수 있을 것이다.

예를 들어, 욕실 수납장에 치약과 영양제를 나란히 두면 매일 아침 양치 후 자연스레 영양제를 먹게 된다. 이처럼 습관을 쌓을 때는 '물리적 인접성'을 신중히 고려하되 '시간적 인접성'이나 '주제의 인접성'도 함께 염두에 두어야 한다.

하나의 좋은 습관이 또 다른 좋은 습관을 시작하는 계기가 되도록 스스로 훈련한다면 당신은 강력한 추진력을 만들어 내는 긍정적 행동의 사슬을 구축하게 되는 셈이다. 앞서 등장한 '도미노 효과'처럼 처음에 약간의 에너지만 들이면 된다. 시작만 하면 그다음 행동들은 자연스럽게 뒤따라온다. 복잡한 할 일 목록이 필요한 것도 아니다. 일단 체계를 잘 잡아두면 마치 태엽을 감아 놓은 시계처럼 습관은 자동으로 작동하기 시작한다. 구체적인 예를 하나 살펴보자:

"아침에 커피가 내려지는 동안 나는 가벼운 명상을 하며 몸의 감각을 살핀다. 커피가 다 내려지면 명상을 멈추고, 자리로 돌아가 이메일을 연다. 이메일을 확인하는 순간 곧바로 다른 화면에는 일정표를 띄운다. 간단한 메일에는 빠르게 답장하고 일정표에서 중요한 일정이 있는지 살핀다. 이는 자연스럽게 오늘의 할 일 목록을 작성하거나 수정하는 행동으로 이어진다. 커피를 다 마시면 나는 주방으로 커피잔을 가져간다. 주방에 있는 동안 고양이에게 밥을 줘야 한다는 사실을 떠올린다. 고양이 사료는 장보기 목록 옆에 있어서 사료를 꺼내며 장보기 목록에 추가할 것이 있는지 확인할 수 있다. 만약 목록이 길다면 자리로 돌아갔을 때 오늘의 할 일 목록에 '마트 가서 장보기'를 추가한다."

이처럼 습관을 쌓아 가는 과정에서는 '체계적 자기 절제'와 '반응적 자기 절제'가 함께 작용한다. 쌓은 습관이 제대로 자리 잡히면 계획한 일을 하지 않는 것이 오히려 더 어색하고 불편하게 느껴질 정도다. 흐름을 타기 시작한 습관은 매끄럽고 자연스럽게 이어지고, 그 결과 당신을 방해하던 요소들은 더 이상 당신의 주의를 끌지 못한다.

시간이 흐를수록 쌓아 온 습관과 의도적으로 설정한 행동의 계기들은 단순 일과 이상으로 삶에 계획과 목적을 부여한다. 당신이 스스로 정한 '규칙'들이 당신의 행동을 앞에

서 끌어 주는 든든한 길잡이가 되는 것이다:

"계단과 엘리베이터 중 계단을 선택한다."
"식사때마다 접시의 절반은 반드시 채소로 채운다."
"새로 사고 싶은 물건이 50달러 이상일 경우, 일단 하루를 기다린 뒤 결정한다."

습관 쌓기는 시작의 계기와 신호가 분명할수록 그리고 그에 대한 반응으로 이어지는 행동이 명확할수록 더 효과적이다. 지체함 없이 행동할 수 있도록 습관의 연결에서 애매한 부분을 없애는 것이 중요하다. 그리고 잊지 말자. 이렇게 의도를 지니고서 행동의 연결망을 촘촘히 엮어 나갈수록 당신의 뇌 역시 정교하게 다듬어지고 있다는 사실을!

오늘의 행동 과제

일지나 노트에 다음의 형식으로 된 문장을 써 보며 습관 쌓기에 도전해 보자:

"나는 (현재 습관)을 하기 전/한 후/하는 동안 (새로운 습관)을 하겠다."
"X가 발생하면 Y를 하겠다."

최대한 습관 사이의 연결이 자연스러운 문장으로 다듬을수록 습관 쌓기를 더 쉽게 만들 수 있다. 새로운 습관이 충분히 몸에 밸 때까지 꾸준히 실천하고 그 결과 또한 기록해 보자.

과정을 게임처럼 만들라

행동에 재미를 더해
실행 가능성을 높이는 방법을 알아보자.

평소 당신의 생활을 돌이켜 보면 시작하기까지 아무런 의지도 필요하지 않은 자연스러운 활동이 꽤 많을 것이다. 이런 활동은 굳이 자신을 설득할 필요도 없고, 하는 동안 시계를 쳐다볼 일도 없으며, 무엇보다 '깜빡 잊어버리는' 일조차도 없다.

위 단락을 읽고 곧장 비디오 게임이나 컴퓨터 게임이 떠올랐다면 전혀 놀랄 일이 아니다. 그런 게임은 당신의 주의를 끌도록, 계속할 동기를 부여하도록, 그리고 끊임없이 행동을 유도하도록 아주 특별한 방식으로 설계되었기 때문이다. 사실, 당신이 게임을 할 때 느끼는 '재미'는 게임 디자이너들이 의도적으로 만들어 낸 게임의 요소이다.

삶에는 피할 수 없는 두 가지 사실이 있다:

1. 할 가치가 있다는 것을 알고 진심으로 하려 하지만 결국 하지 않게 되는 것이 있다.
2. 할 가치가 없다는 것을 알고 하지 않으려 하지만 결국 하게 되는 것이 있다.

머리로는 분명 가치가 있다고 여기면서도 실제 행동으로 옮기지 못할 때의 간극을 '가치와 행동의 괴리'라고 한다. 자신이 관심이 가고, 중요하게 여기며, 실제로 원한다고 해서 반드시 행동으로 이어지는 것은 아니다. 또는, 게임에 중독되어 본 경험이 있는 사람은 잘 알겠지만 어떤 행동이 전혀 가치 없다는 것을 알면서도 그 행동을 반복하기도 한다.

자신에게 이러한 '괴리'가 존재한다는 사실을 인정하는 것이 문제 해결로 가는 첫걸음이다. 우리는 흔히 행동의 이점을 머리로 이해하면 그것만으로도 동기 부여가 될 것으로 생각하지만 실제로는 전혀 그렇지 않기 때문이다.

따라서 만약 당신이 새로운 습관을 길러 유지하는 것을 목표로 한다면 당신은 가치와 행동의 '괴리'를 극복해야 하고 이를 위해선 서로 다른 두 종류의 '동기'를 먼저 이해할 필요가 있다:

- **내적 동기**는 당신의 내면에서부터 자연스럽게 일어나는 행동의 충동이다. 그 행동을 통해 느끼는 개인적인 보람, 호기심, 열정, 혹은 그 행동 자체가 지닌 본질적인 가치에 이끌려 행동하고자 하는 것을 뜻한다.
- **외적 동기**는 당신을 둘러싼 환경으로부터 주어진다. 어떤 행동을 함으로써 얻게 되는 보상 때문에 행동하게 되는 것을 말한다. 예를 들어 금전적 이득, 타인의 인정, 긍정적인 평가, 사람들의 관심, 각종 혜택, 상과 트로피, 직장에서의 승진, 그럴싸한 직함, 사회적 명예 등이 여기에 해당한다.

때로 우리는 외적인 보상과 성취를 통해 스스로를 자극하고 격려할 수 있는 다양한 방법을 간과한 채, 내적 동기에만 지나치게 의존하기 때문에 가치와 행동의 괴리에 빠지기도 한다.

'과정의 게임화Gamifying'는 외적 동기를 구축함으로써 괴리를 줄이는 한 가지 방법이다. 여기서 '게임화'란, 간단히 말해 게임이 아닌 상황에 게임의 메커니즘을 더하는 것을 의미한다.

당신은 이미 '게임의 메커니즘'이 무엇인지 알고 있을 것이다. 이는 사용자가 게임에 계속 몰입하도록 만드는 모든 장치를 뜻한다. 예를 들어 수집할 수 있는 토큰, 깃발, 보상, 잠금 해제가 필요한 숨겨진 기능, 티저 영상, 맞춤형 아바타, 순위표, 성과 추적 시스템, 업그레이드 기능, 포인트 시스템, 퀘스트, 챌린지, 뱃지, 사용자 간의 경쟁 등이 포함된다. 여러 방면에서 이러한 장치들은 사용자의 몰입을 유도하며 도박이 사람들을 끌어들이는 방식과 놀라울 만큼 유사하다!

이때 '게임화'는 단순히 외적인 환경을 조성하여 우리의 행동을 유도하고 강화하는 것이다. 게임은 당신이 특정한 행동이나 선택을 할 때마다 보상(즉, 재미와 긴장감)을 제공함으로써 당신을 '훈련'한다. 이러한 행동 강화 과정을 통해 우리는 같은 행동을 자연스럽게 익히고 반복하게 된다. 다행스럽게도, 우리는 게임 개발자들이 강한 중독성을 만들어 내기 위해 사용하는 이와 같은 설계 기법을 우리 삶에서 훨씬 유익한 방식으로도 활용할 수 있다. 만약 게임이나 도박에 빠져드는 것처럼 좋은 행동에 '중독'된다면, 당신은 어디까지 달성할 수 있을까?

게임 디자이너뿐 아니라 광고업자, 활동가, 교육자, 정치인, 그리고 여타의 사회공학자들도 당신에게서 특정 행동을 끌어내기 위해 끊임없이 가치와 행동의 괴리를 좁히려 든다. 그리고 당신은 직접 그들의 기법을 당신의 삶에 적용할 수도 있다. 그렇게 되면, 당신이 가장 하고 싶은 행동이 실제로 당신에게 가장 큰 보상과 보람을 가져다주는 행동이 되는 것이다.

행동을 게임화하면 내적 동기와 외적 동기를 모두 활용할 수 있다. 당신은 행동하기를 진심으로 원하기 때문에 행동하려는 의지를 억지로 끌어모을 필요가 없다. 참고로 이런 방식은 특히 새롭고 도전적인 일에서 활력을 얻는 ADHD인 사람들에게 매우 효과적일 수 있다.

① 레벨Level을 나누라

 이것은 단순히 일하는 방식을 바꾸는 것이 아니라 사고방식을 뒤바꾸는 일이다. 큰 작업을 작은 단위로 나누는 것이 효과적이라는 것은 이미 알고 있을 것이다. 하지만 "작업"이라는 단어 자체를 다시 생각해 보자. 작업 대신 "퀘스트"나 "미션"을 수행하거나, "레벨"을 달성한다고 생각해 보자. 단순히 작업을 수행한다고 생각하면 지루한 일처럼 느껴지는 일들이 레벨을 달성한다고 생각하면 마치 신나는 게임을 하는 것 같지 않은가? 또한 이런 즐거운 동기 부여가 계속 이어지게 하려면 각 레벨을 달성할 때마다 적절한 보상을 꼭 준비해 두어야 한다.

② 나만의 보상 시스템을 만들라

 당신이 도달해야 할 '레벨'에는 각 단계별로 정해진 보상 체계가 이미 존재할 것이다. 하지만 거기에 당신만의 보상을 추가해도 괜찮다. 예를 들어, 당신은 일을 하지 않으면 월말에 급여를 받지 못해 식비나 집세를 감당할 수 없다는 사실을 이성적으로는 알고 있기에 매일 자리에 앉아 일한다. 하지만 실제로 일을 하는 순간에는 이런 보상이 너무나 멀게 느껴지고 막연하여 별다른 동기 부여가 되지 않을 수도 있다. 그렇다면 더 작고 구체적인 단계로 당신만의 보상 체계를 만들어 보는 것은 어떨까?

어떤 보상을 줄지는 전적으로 당신에게 달렸다. 이를테면 퀘스트나 미션을 완료할 때마다 포인트나 토큰을 적립하여 이걸 당신이 원하는 것에 쓰는 것이다. 점심시간에 좋아하는 간식을 먹거나 커피 한 잔을 즐기는 작은 보상을 줄 수 있고, 혹은 자신의 노고를 칭찬하는 시간을 가질 수도 있다. 이렇게 하면 집중력과 동기 부여를 유지하도록 스스로에게 작은 도파민을 보상으로 줄 수 있을 뿐만 아니라, 자신의 성과를 체계적으로 관리하는 시스템까지 만들게 된다.

⑤ 적당한 경쟁을 더하라

과도하고 부정적인 압박감은 의욕을 꺾고 사기를 떨어뜨릴 수 있지만 적절한 수준의 긍정적인 압박감은 오히려 일에 재미를 더하고 생산성을 높여줄 수 있다.

과제를 수행할 때 시간을 재면서 자신과 경쟁할 수도 있다. 당신은 시간이 부족할 때 오히려 더 많은 일을 해낼 수 있다는 사실에 놀랄 것이다! 자신의 기록을 계속해서 경신해 보거나 다른 사람과 가벼운 경쟁을 해 보는 것도 좋다. 경쟁은 당신의 사기를 북돋우는 동시에 지속적인 발전을 끌어낼 수 있다. 이러한 경쟁은 작업 효율을 극대화하려는 노력을 게임의 재미로 바꾸고 더 나아가 자부심을 키우는 계기가 될 수 있다. 그렇게 해 나가다 보면 어느 날 길고 고된 작업을 마치고 나서 지치기는커녕 오히려 활력이 넘치는 자신을 발견하게 될지도 모른다.

기억하자. 동기와 보상은 매우 주관적이고 개인적인 것이다. 모든 사람이 같은 것에 같은 정도로 매력을 느끼는 것은 아니기 때문이다. 일단 자신에게 의욕을 불어넣고 즐거움을 주는 것이 무엇인지 파악하면 당신은 그것을 일상적인 과제에 쉽고 창의적으로 접목할 수 있다.

마지막으로 짚고 넘어갈 것이 있다. 외적 동기로 게임화된 과정은 지루하지만 필수적으로 해야 할 일들을, 혹은 매일 반복되는 단조로운 업무를 처리하는 것에 매우 효과적이다. 자신이 해야만 한다고 결심한 일을 해내도록 자신을 속이는 훌륭한 방법이라고 할 수 있다.

하지만 보다 장기적인 목표는 반드시 당신에게 내적 동기를 부여하는, 의미가 있는 것으로 신중히 선택해야 한다. 흥미 없는 목표를 위해서 과정을 게임처럼 꾸며 가며 억지로 의욕과 생산성을 높여 봤자 무슨 의미가 있겠는가?

오늘의 행동 과제

잠시 시간을 내어 최근 어떤 일에 깊이 몰입했던 순간을 떠올려 보자. 무엇이 당신을 그토록 심취하게 만들었는가? 모든 것을 완벽하게 해내고 싶은 욕구 때문이었는가, 아니면 예상치 못한 새로움과 즐거움의 발견 때문이었는가? 혹은, 누군가를 이기고 승자가 되고 싶은 마음 때문이었는가? 이제 그 '재미 요소'를 당신이 매일 해야 하는 행동 속에 더 많이 녹여 낼 방법을 고민해 보자.

3장 핵심 요약

- 자기 절제에는 세 가지 유형이 있다. '체계적 절제(하루를 체계적이고 질서 있게 만드는 자기 절제)', '반응적 절제(예상치 못한 상황에 잘 대처하는 자기 절제)', 그리고 '확장적 절제(의도적으로 스스로 한계를 넘어서는 자기 절제)'. 최상의 결과를 위해서는 세 가지 자기 절제를 모두 갖추는 것이 필요하다.
- 단시간의 극적인 변화보다는 지속적으로 발전하는 것이 더 효과적이다. 매일 1퍼센트씩 나아지는 것을 목표로 하고 점진적인 변화가 쌓여가도록 노력하자. 효과가 있는 것을 찾아내 더 많이 실천하고 작은 실패나 손실도 주의를 기울여 관리하라.
- 결과도 중요하지만 과정이 곧 목표에 도달하는 방법임을 잊지 말자. 그러니 오늘 또는 내일 할 수 있는 것에만 집중하라. 지나치게 '결과 지향적'이면 오히려 목표를 이

루는 것에 방해가 될 수 있다. 대신 과정에 집중하고 매일 꾸준히 실천할 수 있는 목표를 설정하라.
- '습관 쌓기'를 활용하면 기존 습관을 토대로 새로운 습관을 만들 수 있고 훨씬 적은 노력으로도 뇌 신경망에 새로운 경로를 만들 수 있다. 기존 습관에 새로운 행동을 적절하게 접목하면 새로운 습관을 형성할 수 있고 한번 습관을 들이면 꾸준히 실천할 수 있다. 습관을 쌓을 때는 "나는 (현재 습관)을 하기 전/한 후/하는 동안 (새로운 습관)을 하겠다", "X가 발생하면 Y를 하겠다"라는 문장을 활용해 보자.
- 올바른 행동을 계속 이어가고 싶다면 과정에 재미 요소를 추가하라. 이를테면 경쟁하기, 배지 모으기, 레벨 올리기와 같은 '게임적 요소'를 활용할 수 있다. 또한, 내적 동기와 외적 동기를 적절히 활용해 가치와 행동의 괴리를 줍혀라.

4장

하지 않는 것도 전략이다

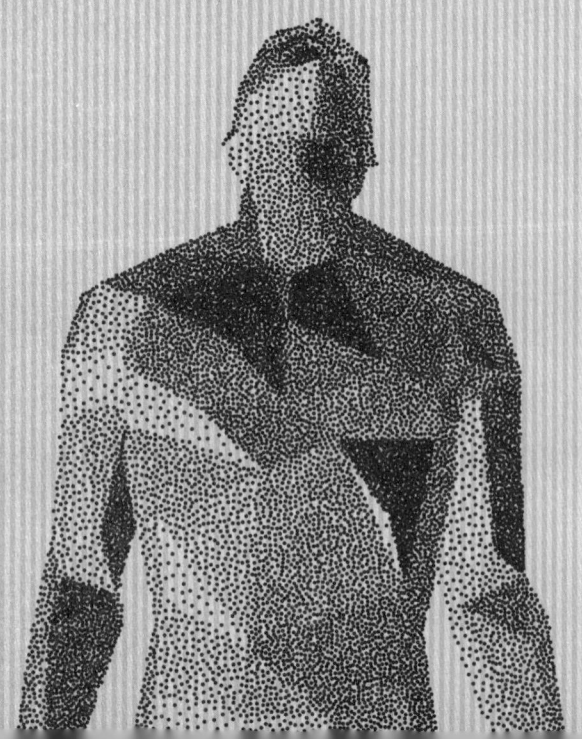

당신이 지금까지 이 책에서 제시한 조언들과 실천 과제들을 잘 따라왔다면 행동 중심적 사고방식의 핵심이지만 자주 간과되는 한 가지 사실을 이미 깨달았을 것이다. 그것은 바로, "하는 것만큼이나 하지 않는 것도 중요할 수 있다"라는 점이다.

 우리는 한정된 자원과 제한된 시간 속에서 잘못된 길을 선택했을 때 큰 대가를 치를 가능성이 현실로 존재하는 세상에서 살아간다. 그러므로 적절한 경계를 설정하는 것이 필요하다.

'중요하지 않은 것은 무엇인가?'
'꼭 필요하지 않은 것은 무엇인가?'

누군가 미켈란젤로에게 어떻게 이토록 아름다운 다비드상을 만들어 낼 수 있었는지 묻자 그는 이렇게 대답했다고 한다.

"간단합니다. 다비드가 아닌 것들을 모두 없앴을 뿐이죠."

이번 장에서는 이 원칙을 우리의 삶에 어떻게 적용할 수 있는지에 대해 이야기하려 한다.

하지 않을 일 목록

때로는 행동하지 않는 것이
가장 중요한 행동이 될 수도 있다.

아무리 의욕적으로, 체계적인 방식으로 움직이는 사람일지라도 방해 요소나 무관한 일에 휘말려 방향을 잃을 수 있다. 어쩌면 당신은 이미 해야 할 일을 철저히 할 수 있게 되었을지도 모른다. 하지만 하지 말아야 할 행동을 단호히 끊어 낼 만큼의 절제력도 가지고 있는가?

이런 고민에 대한 해법으로 '하지 않을 일 목록'을 제안하고자 한다. 이 역발상적인 해결책은 당신이 일상에서 정말 중요한 것에 더 집중할 수 있도록 도울 것이다. 끝없이 늘어나는 '할 일 목록'에 시달리며 좀처럼 쉬지 못하고 있다면 이제는 '하지 않을 일 목록'을 만드는 것이 좋다. 방법은 아주 간단하다. 당신이 하지 않을, 또는 하지 말아야 할 일들의 목록을 작성하는 것이다.

이는 '할 일 목록'처럼 완료한 항목을 하나씩 지워 나가는 것이 아니라, 예컨대 일주일 단위로 목록을 만들어 앞으로의 시간을 체계적으로 관리하는 것이다. 이렇게 하면 목표 달성에 도움이 되지 않는다는 것을 뻔히 아는 일들에 시간과 에너지를 낭비하지 않을 수 있다.

그렇다면 이 목록은 어떤 행동들을 포함할까? 그것은 전적으로 당신이 선택하는 것이다. 하지만 일반적으로는 당신이 끊고자 하는 온갖 나쁜 습관들, 당신의 소중한 시간을 잡아먹는 무의미한 행동들, 당신을 유혹하는 방해 요소들, 그리고 유용하기도 하고 흥미롭기도 하지만 지금 당장은 우선순위가 아닌 일들을 포함할 수 있다. 우리는 모두 건전한 경계를 설정하는 것이 얼마나 중요한지 잘 알고 있다. '하지 않을 일 목록'은 당신이 목표를 향해 흔들림 없이 나아갈 수 있도록 돕는 '의도적 경계'라고 할 수 있다.

처음에는 어떤 행동과 습관을 배제해야 할지 정확히 파

악하기까지 시간이 걸릴 수 있다. 정말로 피해야 할 것이 무엇인지 집어내려면 최근 유난히 생산적이고 효과적으로 하루를 보냈던 경험을 떠올려 보라. 그다음, 집중이 안 되고 비효율적이었다고 느낀 날과 비교해 보자. 하루를 시간 대별로 비교해 보면서 당신의 집중력을 가장 확실히 저해하고 생산성을 갉아먹은 행동이 무엇이었는지 찾아보길 바란다.

"잘 시간이 한참 지났는데도 침대에서 스마트폰을 들여다보는 습관인가? 바쁜 업무 시간에 굳이 해야 할 필요도 없는 사적인 통화를 길게 하는 습관인가? 아니면, 일주일에 한 번 장을 볼 때 간식을 대량으로 구매해서 그날 저녁 몽땅 먹어 치우고 결국 심한 두통을 앓는 습관인가?"

당신이 이미 '습관 쌓기'를 실천했다면 그때 사용했던 몇몇 조건문이 '하지 않을 일 목록'에도 유용하게 활용될 수 있음을 알 것이다. 예를 들어, "외식할 일이 생기면 절대 음료를 주문하지 않는다" 또는 "미리 계획을 세우지 않으면 절대 컴퓨터 앞에 앉지 않는다"처럼 당신이 습관적으로 하지 않겠다고 정한 행동이 '하지 않을 일 목록'에 포함하기 적절한 항목이 될 수 있다.

다른 예시로는 다음과 같은 것들이 있다:

- 5분간 휴식을 취하지 않으면 1시간 이상 일하지 않는다.
- 넷플릭스는 한 편을 봤으면 다음 편을 시청하지 않는다.
- 아침에 커피를 마시면 더 이상 마시지 않는다.
- 잘 시간이 되면 스마트폰을 침대에 두지 않는다.
- 일요일에는 이메일을 확인하지 않는다.
- SNS 사용은 하루 30분을 넘기지 않는다.
- 재택근무를 할 때는 잠옷을 입지 않는다(옷을 제대로 갖춰 입는다).

잘못된 행동을 하지 않는 것만으로도 얻을 수 있는 유익은 많다! 예컨대, 앞서 언급한 원칙들은 긍정문으로도 표현할 수 있다("1시간마다 휴식을 취한다"라거나, "넷플릭스는 한 편만 본다"처럼 말이다). 하지만 해야 할 일보다 하지 않을 일의 목록을 작성하는 방식이 왠지 더 수월하게 느껴지는 데에는 이유가 있다. 심리적으로, 무언가를 '하지 않는 것'에는 별다른 노력이 들지 않는 것처럼 느껴지기 때문이다. 실제로는 그렇지 않다. 그렇지만 그 효과는 여전히 크다. 만약 더는 도움이 되지 않는 습관을 단순히 하지 않는 것으로도 생산성과 만족도를 높이고 즐거움을 느낄 수 있다면 당신은 에너지를 절약하고 시간을 확보하면서도 즉시 삶의 질을 개선할 수 있을 것이다.

무엇을 하느냐만큼 무엇을 하지 않느냐도 중요하다. 나쁜 습관은 좋은 습관 이상으로 당신의 삶에 큰 영향을 미치고 있다. 우리가 하루 동안 쓸 수 있는 시간과 에너지는 한정되어 있으므로 자신이 어느 지점에서 시간과 에너지를 낭비하고 있고 비효율적으로 쓰고 있는지를 살펴보는 것이 중요하다.

그렇다고 해서 '하지 않을 일 목록'이 모든 것을 해결해주는 만능 도구는 아니고 항상 좋은 방법인 것도 아니다. 그 목록은 당신이 실제로 해야 할 일들의 목록을 대체할 수 없으며, 절약한 집중력과 에너지를 어떻게 사용해야 할지를 알려 주는 것이 아니다.

'하지 않을 일 목록'은 당신을 방해하는 행동을 인식하는 것에 도움이 되지만 실제로 그 행동을 멈추려면 실행력만큼이나 절제력이 필요하다.

'하지 않을 일 목록'은 절대적인 것이 아니다. 시간이 지나며 달라질 수 있고, 달라져야만 한다.

① 방해 요소를 파악하라

당신이 하루를 어떻게 보내는지 정확히 파악하려면, 1~2주 정도 시간을 들여 일상에서 하는 행동을 관찰하는 것이 좋다. 자신이 매시간을 어떻게 쓰고 있는지 기록해 보면 놀라운 깨달음을 얻을 수 있다! 특히, 당신을 가장 방해하는 습관과 행동을 찾아내기 위해서는 '미루고 싶어지는 순간', '나태함을 느끼는 순간', '동기 부여가 사라지는 순간' 직전에 무엇을 했는지 주의 깊게 살펴보라.

❷ 구체적이고 탄력적인 맞춤형 목록을 만들라

앞서 몇 가지 예시를 살펴봤지만 당신의 목록이 진정으로 효과를 발휘하려면 개인화된 삶의 목표 그리고 방해 요소에 맞춰 세심하게 작성되어야 한다. 행동에 초점을 맞춰서 최대한 구체적으로 만들라. 생산성을 저해하는 구체적인 행동이 무엇인지 정확히 파악하는 것이 핵심이다. 예를 들어, "항상 감사하는 태도를 지니자"라는 목표는 훌륭한 목표지만, 모호하고 주관적이어서 성과를 측정하기 어렵다. 반면, "불평하지 않는다"라는 목표는 훨씬 구체적이고 실행하기 쉽다. 마지막으로, 자신이 일하는 방식에 대한 이해가 더 깊어질수록 '하지 않을 일 목록' 역시 변할 가능성이 크다는 점을 기억하라.

❸ 목록을 자주 점검하고 자신에게 도전하라

처음에는 한 주 동안 절대 하지 않을 나쁜 습관을 딱 하나만 정하는 것이 더 쉬울 수 있다. 당신에게 특히 부정적인 영향을 미치는 습관 하나를 선택하고, 그것부터 시작하라.

시간이 지나 익숙해지면, 이전 항목을 꾸준히 실천하는 동시에 새로운 항목을 추가하는 도전을 해 보자. 매주 한 번씩 목록을 점검하며 새롭게 업데이트할 부분이 있는지 확인하는 것도 좋은 방법이다. 만약 목록에 있는 하지 말아야 할 행동을 실수로 했다고 해도 자책할 필요는 없다. 왜 그렇게 되었는지, 실수를 반복하지 않으려면 어떤 변화가 필요한지 고민해 보자.

마지막으로, 목록을 당신이 매일 볼 수 있는 곳에 두어야 한다. 그리고 목록에 적힌 행동을 한 주 동안 한 번도 하지 않았다면, 자신에게 작은 보상을 주는 것도 과정을 더 재밌게 만드는 좋은 방법이다. 이로써 얻은 여유 시간, 자제력, 맑은 정신, 그리고 내면의 평화를 만끽해 보자. 그리고 잠시 시간을 내어 당신이 진정으로 가치를 느끼는 것을 떠올려 보자. 절약한 시간과 에너지를 어떻게 활용할 수 있을까?

오늘의 행동 과제

지난 한 주 동안 미루는 습관에 빠졌던 순간을 떠올려 보자. 직전에 무슨 일이 있었는가? 행동을 회피하거나, 게을러지거나, 잊어버리게 된 계기는 무엇인가? 지금 바로 그 방아쇠가 다시 작동하지 않도록 경계나 규칙을 설정해 보자.

제거를 통해 개선하라

중요하지 않은 것은 과감히 제거하고
진짜 결과를 가져오는 것에 집중하자.

'좋은 삶'이란 무엇일까? 규율과 목적, 열정을 가지고 산다는 것은 실제로 어떤 의미일까?

이를 명확히 정의하기란 쉽지 않다. 기독교 신학에는 '비아 네가티바Via negativa(라틴어로, "부정을 통한 길"이라는 뜻이다)'라는 개념이 있다. 이는 신이 '아닌' 것들을 탐구함으로써 신의 본질을 이해하는 방식이다. 이와 마찬가지로, 우리 삶에서 올바른 길을 찾는 것은 어려운 일이지만 하지 않아야 할 행동과 되지 말아야 할 모습을 상상하는 것은 훨씬 수월한 일일 수 있다.

  이 개념은 단순히 나쁜 습관을 없애라는 것에 그치지 않는다. 그보다 더 깊은 의미가 있다. 일론 머스크Elon Musk의 말처럼 핵심은 "덜 잘못된 방향으로 나아가는 것"에 있다. 계속해서 잘못된 경로를 수정해 나가다 보면 결국에는 올바른 길에 도달할 수밖에 없다!

  (앞서 '하지 않을 일 목록'을 통해 살펴본 것처럼) '제거를 통한 개선'은 우리가 현재 잘못하고 있는 것을 보다 분명하게 볼 수 있기 때문에 실천하기 더 쉬운 접근법이 될 수 있다. 반면 "더 많은 걸 해야 한다"라는 사고방식은 부담이 될 뿐만 아니라 막상 무엇을 해야 할지조차 분명하지 않을 수도 있다. 특히, 한 번도 해 본 적 없는 일을 해야 한다면 그것이 옳은 일인지조차 판단하기 어렵지 않은가? 그래서 많은 사람이 긍정론이나 SMART한 목표 설정, 동기 부여 연설 등에 의지하지만 이들 접근법은 모두 "더 나아지기 위해선 더 많은 것을 해야 한다"라는 전제를 깔고 있다. 하지만 우리는 단순히 잘못된 것을 제거하는 것만으로도 삶의 질을 높일 수 있다!

  방해 요소, 유혹, 장애물, 그리고 쓸모없는 나쁜 습관들을 제거하면 올바른 방향으로 나아가는 추진력은 저절로 생긴다. 따로 초인적인 의지가 필요하지 않다는 뜻이다. 간단한 예를 들어 보자. 오늘날 온라인에는 수없이 많은 생산성 앱이 있다. 당신은 새로운 앱을 찾고, 설치하고, 사용법을 익히고, 복잡한 시스템을 통해 작업의 흐름을 정비하느라 인생을 낭비할 수도 있고… 아니면 펜과 종이를 꺼내 들고 자리에 앉아 인터넷 따위는 신경 쓰지 않은 채 바로 일을 시작할 수도 있다. 당신의 스마트폰에 설치된 다수의 생산성 앱을 지우자. 일일 계획표 작성법을 배우겠다고 저장해 둔 유튜브 영상도 삭제하자. 집중력을 유지하는 방법을 소개하는 기사, 블로그 글, 전자책을 잔뜩 띄워놓은 화면도 전부 꺼 버리자.

또 다른 예를 들어 보자. 자존감을 키우고 긍정적인 감정을 쌓기 위해 시간과 에너지를 쏟는 대신, 지금 이 순간 당신을 가장 갉아먹고 있는 부정적인 감정을 제거하는 것에 집중하라. 비싼 단백질 보충제나 헬스장 회원권에 돈을 쓰기보다 저녁 식사 후 초콜릿을 먹는 습관을 끊고 집에 정크 푸드를 들이지 않는 것부터 시작해 보자.

만약 당신이 미루는 습관이나 의욕 부족, 집중력이 흐트러지는 문제로 고민하고 있다면 이렇게 자문해 보자.

'이 상황에서 내가 없앨 수 있는 것은 무엇인가?'

《안티프래질Antifragile》의 저자 나심 탈레브Nassm Taleb는 역경과 도전 속에서도 회복력을 키우고 더 나아가 성장하려면 우선 "부정적인 요소를 줄이는 것"이 가장 효과적인 방법이라고 설명한다. 탈레브에 따르면 우리는 위험을 초래하거나, 불확실성을 키우거나, 자원을 소모하는 모든 요소를 시스템적으로 제거해야 한다. 그래서 그는 우리에게 소득을 늘리기보다 빚을 갚는 것을 우선시하라고 조언한다. 같은 원리로, 식단을 하나하나 조정하기에 앞서 금연과 금주부터 하라고 말한다. 인간관계도 마찬가지다. 건강한 관계를 새로 맺는 것보다 독이 되는 관계를 정리하는 것이 더 큰 행복과 이익을 가져다줄 수 있다. 탈레브는 이렇게 말한다. "실전에서 진정한 고수들, 즉 오랜 시행착오 끝에 살아남은 이들은 무엇을 '하지 않을지'에 집중한다. 체스 그랜드마스터는 패하지 않음으로써 승리하고, 부자는 남들이 무너질 때 파산하지 않음으로써 부를 쌓는다. 종교의 핵심은 대부분 금기에 관한 것이고, 인생의 교훈은 결국 무엇을 피해야 하는지를 아는 것이다."

더하며 나아가기보다 덜며 나아가기가 더 쉽다!

> **"현실에서는 어떤 결정이 옳은지
> 판단하기 어려울 때가 많다. 하지만 어리석은 일을
> 하지 않기로 선택하는 것은 언제나 옳다."**

이는 확신이 없을 때든, 시간이 부족할 때든, 혹은 정보를 다 갖추지 못하는 상황에서도 취할 수 있는 전략이다. 또한 이런 '부정의 방식'은 삶에서 더 많은 감사함을 느낄 수 있도록 도와준다. 일어날 수도 있었지만 일어나지 않은 나쁜 일들을 돌아보게도 하고, 따라서 지금의 상황이 생각보다 괜찮은 이유를 되새기게도 한다.

당신의 삶에 이 '비아 네가티바'를 어떻게 적용할 수 있을까?

① 전략적으로 부정하는 법을 연습하라

당신은 어떤 사람이 되고 '싶지 않은가?' 당신이 결코 살고 싶지 않은 삶은 어떤 모습인가? 당신 인생에서 최악의 결과는 무엇이라고 생각하는가? 그리고 당신이 전혀 부러워하지도, 존경하지도 않는 사람은 누구인가? 이런 질문들로 단련하라. 그리고 그런 삶을 살지 않기 위해 할 수 있는 모든 것을 하라.

② 삶을 망치는 것들을 제거하라

사실, 당신은 무엇을 없애야 할지 이미 알고 있을 것이다. 당신의 정신을 마비시키고 영혼을 갉아먹는 온라인 활동, 흡연이나 중독적인 습관, 위험하거나 불법적인 행동, 당신을 학대하거나 에너지를 소모하게 만드는 사람들과의 관계, 건강에 해로운 음식… 우리는 모두 이런 어리석은 것들에 둘러싸여 살아가고 있다!

③ 우선순위를 정할 때는 단호하라

우선해야 할 것이 둘 이상이라면 사실상 우선순위가 없다는 뜻이다. 이제는 널리 알려진 워렌 버핏Warren Buffett의 일화에서 영감을 얻어 보자. 버핏은 한 직원에게 자신이 중요하게 생각하는 스무 가지를 적도록 한 뒤 그중에서 집중하고 싶은 세 가지에만 동그라미를 치라고 했다. 직원은 동그라미를 치며 나머지 항목들은 2순위로 두면 되리라 생각했다. 하지만 버핏은 "여기서 선택하지 않은 것들은 반드시 하지 말아야 할 것들"이라며 직원의 생각을 바로잡았다. 그렇다. 삶에서 가장 큰 결단력이 요구되는 순간은 정말 중요한 것을 위해 '그저 괜찮은 것들'을 과감히 끊어 내야 할 때다.

④ 행동에 초점을 맞춰라

스스로 '내가 더 쉽게 행동하려면 무엇을 줄이거나 없애야 할까?'라고 물어보자. 당신이 원하는 방향으로 행동하는 것에 방해가 되는 모든 요소를 제거하는 것이 목표가 되어야 한다. 나쁜 습관이 나타날 조건 자체를 없애버리거나(예컨대 건강에 해로운 간식을 집에 두지 않는 것) 또는 올바른 행동을 방해하는 사람, 시간대, 상황 등을 의식적으로 피하는 것일 수도 있다.

⑤ 새롭게 확보한 자원을 의미 있게 투자하라

불필요한 것들을 정리하다 보면 시간과 에너지는 물론이고 돈까지도 여유가 생길 수 있다. 하지만 자연의 법칙은 공백을 허락하지 않는다. 나쁜 습관을 없앤 자리에 또 다른 나쁜 습관이 들어서지 않도록 늘 경계해야 한다.

오늘의 행동 과제

앞선 '내가 더 쉽게 행동하려면 무엇을 줄이거나 없애야 할까?'라는 질문은 다소 막연하게 느껴질 수도 있다. 만약 그렇다면 '오늘' 바로 실천할 수 있는 더 단순하고 쉬운 질문을 던져 보자. '어제 내가 했던 행동 중에 쓸데없는 행동은 무엇이었을까? 그리고 어떻게 오늘 그것을 반복하지 않을 수 있을까?'

정보 다이어트를 시작하라

정보는 선택적으로 받아들여야 한다.
어디까지 받아들일지 분명한 선을 긋자.

'콘텐츠'. 바로 이것이 온라인 세상을 움직이는 동력이다. 사람들은 어디에서나 콘텐츠를 만들고 싶어 하고 또 소비하고 싶어 한다.

하지만 정보는 마치 마약과도 같아서 다른 마약과 마찬가지로 우리를 쉽게 중독시킬 수 있다. 아침에 눈을 뜨면 우리에게는 한정된 시간이 주어진다. 우리의 체력과 감정, 정신력에도 한계가 있다. 하지만 온라인 세계에는 한계가 없다. 스크롤을 내릴 때마다 새로운 '콘텐츠'가 끝없이 나타나며, 이는 오직 당신의 주의를 사로잡아 최대한 오래 거기 붙잡아 두기 위한 것이다.

만약 당신이 지속적인 불안, 압박감, 혼란, 스트레스, 감정 과잉에 시달리고 있다면 아마도 당신은 온라인에서 너무 많은 시간을 쏟으며 과도한 정보를 접하고 있을 가능성이 크다. 그런데 정말 '과도한 정보'라는 것이 존재할까? 답은 '그렇다'이다!

최신 정보를 놓치지 않으려 하고 시대의 흐름을 따라가려 하는 것은 누구나 다 그렇다. 하지만 의식적으로 정보를 분별하는 능력을 갖추지 못하면 우리는 자신이 무엇을 그리고 얼마나 소비하고 있는지 알지 못하게 된다. 오늘날 사람들은 과거에 경험한 그 어떤 환경보다도 더 빠르고, 강렬하며, 치명적인 '인공의 디지털 환경' 속에서 살아가고 있다.

실제로 우리는 반나절 만에 200년 전 사람들이 1년 동안 접했을 법한 양의 정보가 주는 자극을 경험할 수도 있다. 질 낮은 음식이 넘쳐 나는 오늘날의 환경이 비만을 유발하듯이, 저품질의 정신적·감각적 자극으로 넘쳐 나는 디지털 환경은 우리의 정신을 황폐화하기에 쉽다.

'세상 돌아가는 소식'을 아는 것이 유용하고 중요하기 때문에 항상 온라인에 연결되어 있어야 한다는 생각은 이제는 더 이상 설득력이 없다. 우리가 온라인에서 흔히 접하는 정보들은 대부분 무의미할 뿐만 아니라, 쓸모없는 수준을 넘어 실제로 해가 될 수도 있기 때문이다. 사실 사람들 대부분은 자신이 바라는 것만큼 온라인 활동을 잘 통제하지 못한다.

만약 당신이 인지 능력을 되찾고, 내면의 평화와 건강한 삶을 회복하고, 스스로 선택한 목표와 방향에 따라 명확하게 사고하고 싶다면 해결책은 분명하다. 당신이 접하는 정보의 양과 종류를 대폭 줄여야 한다. 이는 일종의 '정보 다이어트'라고 할 수 있다.

널리 사랑받는 음식 전문 작가 마이클 폴란Michael Pollan은 그의 책 《잡식 동물의 딜레마The Omnivore's Dilemma》를 통해 명성을 얻었는데, 이 책에서 그는 가장 이상적인 식단을 다음과 같이 제시했다. "(진짜) 음식을 먹되 과식하지 말고 채소 위주로 섭취하라." 우리는 이와 같은 원칙을 정보 소비에도 적용할 수 있다. "정보를 소비하되 과하지 않게 사실 위주로 받아들여라." 《정보 다이어트The Information Diet》의 저자 클레이 존슨Clay Johnson은 이 '채식'의 비유를 다음과 같이 설명한다. "정보의 먹이사슬에서 하위 단계의 것을 소비하고 최대한 가공되지 않은 정보를 얻어라."

그러니까, 한쪽으로 편향된 기사가 다른 편향된 기사의 내용에 근거하고 그 기사조차 몇 개의 트윗과 밈에서 나온 것이라면 그런 기사들을 읽지 말고 직접 정보를 찾아야 한다. 예를 들어 정치인의 연설을 분석한 글을 읽지 말고 직접 연설을 듣거나 녹취록을 확인하라. 법원 심리의 공식 문서를 읽고, 연구 논문을 찾아보고, 가능한 한 자주 사실 확인을 해야 한다(참고로 위키피디아는 믿을 만한 출처가 아니다!).

올바른 정보 소비 습관은 우리에게 유익하고 통찰을 주는 정보는 최대한 늘리고, 무의미하거나 불쾌감을 유발하는 내용은 최소화하는 것이다. 이를 통해 시간을 절약할 수 있을 뿐만 아니라 '무분별한 온라인 활동'에서 오는 낭비와 혼란도 피할 수 있다. 또, 소비하는 정보를 까다롭게 선별하는 법을 익히며 질 높은 정보만을 골라 받아들이고 무의미한 것들을 걸러내는 안목도 기를 수 있다.

이러한 정보 다이어트는 '비아 네가티바'의 가장 완벽한 형태로, 현대를 살아가는 모든 이들이 '하지 않을 일 목록'에 반드시 포함해야 한다. 다음은 정보가 넘쳐나는 세상 속에서 더 건강한 관계를 형성하는 것에 도움이 될 몇 가지 조언이다:

① 까다롭게 선택하라

자신이 접하는 정보를 의도적으로 선별해야 한다. 무엇을 보고 읽을지 알고리즘이 대신 결정하도록 내버려두지 말자. 온라인에서 하는 모든 행동은 당신이 의도적으로 선택한 것이어야 한다. 어떤 정보가 눈앞에 있다고 해서 꼭 그것에 반응해야 하는 것은 아니다.

집중력과 주도권을 되찾고 싶은가? 그렇다면 어떤 채널에 주의를 기울일지, 혹은 아예 신경 쓰지 않을지를 미리 결정해 두자. 소셜 미디어를 반드시 이용할 필요는 없으며 이용하더라도 모든 플랫폼을 다 쓸 필요는 없다. 당신의 가치관과 목표에 따라 선택적으로 활용하라. 뉴스레터를 구독하거나 특정 주제를 깊이 있게 다루는 블로그, 서브스택(저널리스트들이 유료 또는 무료 전자책 등을 발행할 수 있도록 해 주는 플랫폼이다. -옮긴이 주), 뉴스 스탠드를 이용해 보자. 당신의 삶에 어떤 가치를 가져다줄지 판단할 틈도 주지 않고 슬그머니 스며들려는 것들은 습관적으로 구독을 해지하자.

ⓐ 오프라인으로 전환하라

종이로 된 책, 잡지, 신문을 읽는 경험은 화면을 스크롤하며 정보를 소비하는 것과 다르다. 책을 직접 구매하거나 도서관에서 빌려 보며 현실 세계의 정보 매체와 다시 친숙해지는 시간을 갖도록 하자. 빠르게 넘겨보거나 앞부분을 건너뛸 수 없고, 요약된 내용만 훑어보는 것이 불가능하며, 현란하고 피상적인 제목을 쓰지 않는 콘텐츠를 골라서 보자. 집중에 어려움을 느낀다면 페이지를 출력해 화면 밖에서 더 천천히, 더 차분하게 읽는 것도 도움이 될 수 있다.

양질의 팟캐스트를 듣는 것도 괜찮지만 다른 일을 동시에 하지는 말라. 대신 조용히 앉아 눈을 감고 내용에 온전히 집중해서 들어 보자. 몇 번씩 정지해 가면서 들은 내용을 머릿속으로 '되새겨'보자. 이로써 정보를 수동적으로 소비하지 않고 능동적으로 사고하며 수용할 수 있다.

③ 스스로 제한하라

인터넷 콘텐츠는 본래 무제한적 소비를 유도하도록 설계되어 있다. 즉, 의도적으로 중독성 있게 만들어진 것이다. 그러므로 정보 소비를 조절하는 것은 오롯이 당신의 몫이며 이를 위해서는 적극적으로 명확한 기준과 경계를 설정해야 한다. 도구나 앱을 활용해 특정 주제나 해시태그를 차단하거나 걸러낼 수 있으며, 푸시 알림을 최소화하거나 아예 받지 않도록 설정할 수도 있다. 광고 차단기를 설치하는 것도 방법이다.

하지만 정보 소비의 경계를 설정하는 것에는 (단순히 기술적인 조치를 취하는 것 외에) 자기 행동을 조절하는 것도 포함된다. 예를 들어, 웹 서핑 시간을 제한하고 타이머가 울리면 무조건 자리를 뜨자. 이메일, 뉴스, 소셜 미디어를 확인할 특정 시간대를 정해 놓고 그 시간 외에는 접속하지 않도록 하자. 특히 유해하거나 부정적이거나 중독성 있는 콘텐츠 유형이나 채널이 있다면 이를 완전히 차단하라. 어떤 것이 당신에게 매우 해롭다고 판단되면 그것을 '제로'로 만드는 것이 가장 안전한 방법이다!

④ 의식적으로 소비하라

과도한 정보 소비의 대표적인 특징 중 하나는 우리가 무엇을 하고 있는지 의식조차 하지 못한 채 순식간에 빠져든다는 것이다. 이를 피하려면 자신을 끊임없이 성찰하고 정보 소비에 대한 자기 절제를 실천해야 한다.

온라인이든 오프라인이든, 어떤 콘텐츠를 읽고, 보고, 들을 때 다음과 같은 질문을 스스로 던지는 습관을 들이자:

- 지금 내가 실제로 하고 있는 것은 무엇인가?
- 나는 왜 이 정보를 받아들이고 있는가?
- 이 활동이 내게 실제로 가치가 있는가?
- 내가 의도적으로 선택한 것인가, 아니면 무심코 빠져든 것인가?

우리는 종종 어떤 활동을 '즐거운 여가 생활'이라고 포장하곤 한다. 그러나 실제로 그 활동에 몰두할수록 오히려 지루함, 분노, 무기력함, 짜증 같은 감정이 더 커질 때가 많다. 예를 들어, 넷플릭스를 몰아볼 때는 그것이 내 기분에 얼마나 부정적인 영향을 미치는지 미처 깨닫지 못하다가 다 보고 난 뒤에야 그 영향을 실감하게 되기도 한다.

⑤ 좋은 것을 추구하라

  정보가 우리에게 영향을 미친다는 사실 자체는 문제가 아니다. 진짜 문제는 정보가 우리에게 부정적인 방식으로, 우리가 의식적으로 허용하지 않은 상태에서도 영향을 미칠 수 있다는 점이다. 물론 당신이 선택한 정보가 긍정적이고, 유익하며, 깨달음을 주거나 진정으로 도움이 되는 것이라면 그것을 받아들이는 것에 아무런 문제가 없다.
  하지만 자신도 모르게 어떤 주제에 깊이 빠져들거나 별 의미 없는 일에 몇 분(어쩌면 몇 시간)을 허비했다는 사실을 깨달을 때가 있다. 그럴 때는 의도적으로 '머리를 식혀줄 만한 자료'를 찾아보자. 영감을 주는 음악이나 마음이 따뜻해지는 영상, 미소 짓게 만드는 유쾌한 코미디 같은 것들로 말이다. 어쩌면 고양이 영상이야말로 인터넷을 가장 잘 활용하는 방법일지도 모른다!

◉ 행동과 소비의 균형을 맞춰라

마지막 원칙은 정보를 소비하는 데에 20%의 시간만을 쓰고 나머지 80%는 그것을 바탕으로 행동하는 데에 할애하는 것이다. 물론 바로 균형을 맞추기는 어렵겠지만 점차 올바른 방향으로 조정해 나가려는 노력이 중요하다.

정보의 소비자가 아닌 생산자가 되는 쉬운 방법 중 하나는 글을 쓰는 것이다. 하루에 20분이라도 일기를 쓰는 습관을 들이면 당신의 관점이 크게 바뀔 수 있다. 끝없이 쏟아지는 타인의 생각에 휩쓸리는 대신 자신만의 생각을 정리하며 발전시킬 수 있고, 더 깊이 있게 만들어갈 수도 있다.

오늘의 행동 과제

 오늘 하루 인터넷에 접속하고 싶고, 무작정 스크롤을 내리고 싶고, 소셜 미디어를 확인하고 싶은 충동이 들 때마다 의식적으로 그 순간을 알아차리고 잠시 멈춰 보자. 온라인에 접속하는 대신 당신의 진짜 욕구를 인식해서 적절한 방식으로 채워 보는 것이다. '나는 지금 피곤한가? 슬픈가? 외로운가? 지루한가? 아니면 단지 해야 할 일을 미루고 있거나 회피하고 있는가?' 10분 동안 가만히 앉아 외부 자극을 차단한 채로 자신의 감정과 상태를 있는 그대로 관찰해 보자.

하루를 주제별로 계획하라

작업 전환이 생산성을 저해하는 이유와
그 대안을 알아보자.

사람들 대다수는 시간에 '신성한 단위'가 있다는 믿음에 세뇌되어 있다. 즉, 한 시간 또는 30분 단위로 나누어 하루를 계획해야 하고 대략 한 시간마다 새로운 작업으로 전환해야 한다고 생각하는 것이다. 그래서 우리는 보통 '1시간 동안 A → 다음 1시간은 B → 그다음 1시간은 C'와 같은 식으로 일정을 짜곤 한다. 여기에 맞춰 운동, 독서, 휴식, 다음날 일정 미리 짜기 같은 활동들을 깔끔하게 끼워 넣는다. 이렇게 하면 완벽히 생산적인 하루가 될 것 같지만, 과연 그럴까?

현실에서는 이런 방식이 제대로 작동하지 않는다. 실제로 벌어지는 일은 이렇다.

"1시간 동안 A를 하기로 마음먹고 자리에 앉는다. 하지만 시작하기에 앞서 마음을 가다듬고 집중력을 끌어올리기까지 5~10분이 걸린다. 1시간이 지날 무렵 이제 B 업무로 넘어가야 한다. 작업을 마무리하고 다시 다음 업무를 준비하기까지 5~10분이 소요된다."

따져 보면, 우리는 각 작업에 할당된 1시간을 온전히 쓴 것이 아니라 실질적으로 40분 정도만 집중력 있게 쓴 셈이다. 나머지 시간은 마치 컴퓨터가 '버퍼링'에 걸렸을 때처럼 낭비된다.

작업을 전환할 때마다 시간과 에너지, 집중력 면에서 일정한 '시작 비용Start-up cost'이 발생한다. 기어를 바꾸듯이 마음가짐을 전환해야 하고 새로운 작업에 적응해야 하기 때문이다. 캘리포니아 대학교 어바인 캠퍼스University of California Irvine에서 진행된 한 연구에 따르면 우리가 새로운 작업에 다시 집중하고 흐름을 되찾기까지 평균 23분 15초가 걸린다고 한다. 즉, '작업 전환Context switching'을 한 번 할 때마다 15분 가까이 시간이 낭비되는 셈이다! 온종일 일했는데도 별로 성취한 것이 없는 기분이 든다면 지나치게 잦은 작업 전환이 원인일 가능성이 크다.

> "방해 요소를 제거하는 것도 중요하지만
> 단순히 작업을 전환하기만 해도
> 비용이 든다는 점을 깨닫는 것이 중요하다."

'주제별 하루 계획Day theming'은 이러한 시작 비용의 손실을 최소화하고 하루의 시간을 최대한 효과적으로 활용할 수 있도록 돕는 기법이다. 이 기법의 핵심은 작업 전환을 '최소화'하는 것인데, 이를 실천하는 가장 확실한 방법은 하루에 '한 종류'의 작업만을 하는 것이다.

이는 반드시 하루에 한 가지 프로젝트나 활동만 할 수 있다는 의미는 아니다. 비슷한 주제의 활동들을 묶어서 함으로써 하루 동안 생각의 방향을 여러 번 전환하는 부담을 줄이는 것이 핵심이다. 즉, 하루를 개별 작업이 아닌 하나의 주제에 집중하는 방식으로 운영하는 것이다.

예를 들어 월요일은 글쓰기 작업, 화요일은 외출이 필요한 용무, 수요일은 자료 조사 및 연구, 목요일은 재무와 행정 업무, 금요일은 회의, 토요일은 사교 활동, 일요일은 휴식과 재충전의 날로 정할 수 있다.

또는, 일주일 전에 미리 요일별 주제를 계획하되 그때그때 바뀌는 요구 사항과 상황에 맞춰 유동적으로 조정할 수도 있다. 예를 들어 쇼핑, 은행 업무, 처방전 수령 등 필요한 용무들을 목록으로 작성해 두었다가 일정량이 쌓이면 하루를 정해서 한꺼번에 처리하는 방식을 채택할 수도 있다.

주제별 하루 계획 기법을 활용하면 '지금 하는 일을 멈추고 다른 일을 해야 한다'라는 압박감 없이 과제에 깊이 몰입할 수 있다. 이를 통해 업무 효율성과 자기 절제력이 향상되며 스트레스도 줄어들 수 있다. 또한 새로운 작업을 시작하기까지 드는 에너지가 줄어들고 주의력과 의지력을 다시 끌어모아야 하는 과정도 사라진다.

때에 따라 이 기법을 하루 단위가 아니라 여러 날로 확장

할 수도 있다. 예컨대 이틀이나 사흘, 혹은 일주일 동안 한 가지 프로젝트에만 집중하는 방식이다. 물론 작업에 전념하기로 한 시간에 누구에게도, 무엇으로도 방해받지 않으려면 어느 정도의 자기 절제력과 경계 설정은 필요할 것이다!

다음은 주제별로 하루를 계획하는 법이다:

1. 현재 상황을 점검하라. 현재 당신의 시간은 어디에 쓰이고 있는가? 특히 하루에 몇 번이나 작업을 전환하는지를 중점으로 살펴보자.

먼저 한 주에 주로 하는 모든 활동의 유형을 기록하는 것이 중요하다. 이는 당신의 직업, 생활 방식, 목표에 따라서 다를 것이다. 예를 들어 전화 통화, 출퇴근, 은행 업무, 이메일 확인, 보고서 작성 등 다양한 업무가 있을 수 있다. 이러한 모든 업무를 검토하여 어떤 것이 가장 필수적인지, 어떤 것은 생략할 수 있는지, 그리고 어떤 것들을 '묶어서' 처리할 수 있는지 분류해 보자.

이 과정은 막연한 추측이 아니라 실제 데이터에 기반을 두어야 한다. 섣불리 짐작하지 말고 최소 일주일 동안 기록하며 당신의 시간이 실제로 어디에, 얼마나 쓰이고 있는지 파악하라.

2. 구체적인 주제를 정하라. 하루를 주제별로 나누려면 먼저 자신에게 알맞은 주요 주제를 파악해야 한다. 다시 말하지만, 개별 업무가 아니라 주제를 기준으로 분류해야 한다. 예를 들어 각기 다른 여러 가지 실무가 있더라도 모두 '차를 타고 나가서 처리해야 하는 일'이라는 주제로 묶을 수 있다. 마찬가지로, 다양한 프로젝트를 진행할 때도 프로젝트별로 하루를 나누기보다는 업무의 유형에 따라 계획하는 것이 더 효과적이다. 예를 들어 모든 프로젝트의 재무 관련 업무를 하루에 몰아서 처리하고 다른 날에는 소통 관련 업무를 집중적으로 수행하는 식으로 주제를 정할 수 있다.

업무를 주제별로 정리했다면 이제 각 주제에 맞춰 특정 요일을 할당할 차례다. 이런 방식으로 매 요일 반복되는 주제를 설정할 수 있고 혹은 매주 필요에 따라 유동적으로 주제를 조정할 수도 있다. 각 주제에 맞게 적절히 시간을 분배하고 이를 일정표에 구체적으로 기록해 두는 것이 중요하다. 한 번에 3시간 동안 일하고 10분 동안 휴식하는 방식으로 생산성을 높일 수 있다.

3. 당신의 에너지를 고려하라. 에너지가 부족하거나 집중력이 떨어지는 시간대에 몇 시간씩 '몰입이 필요한 업무'를 배정하는 것은 의미가 없다. 자신이 가장 생산적이고 집중력이 높은 시간대에 맞춰 계획하는 것이 중요하다. 예를 들어 오전에는 가장 중요한 업무(콘텐츠 제작, 복잡한 문제 해결, 중요한 회의나 협상 등)를 배정하고, 오후에는 좀 더 일반적인 일들(행정 업무, 자료 정리, 일정 계획 등)을 처리하는 것이 적절하다. 그리고 저녁에는 가볍고 편안한 활동(독서, 사교 활동 등)을 하며 하루를 마무리할 수 있다.

4. 경계를 명확히 하라. 주제별 하루 계획법은 '체계적 자기 절제(하루를 계획하고, 체계화하고, 정리할 수 있는 자기 절제이다. -옮긴이 주)'를 요구하는 작업이다. 업무를 전환하는 일이 줄어드는 만큼 더 적은 자기 절제가 요구될 수도 있겠지만 대신 외부에서 오는 방해와 업무 전환 압박을 무시하려면 더 큰 절제력이 필요하다. 물론 방해는 인생에서 피할 수 없

는 일이며 심각한 문제가 아니다. 하지만 힘들게 몰입한 상태를 지키려면 다음과 같은 방법을 시도할 수 있다:

- 동료나 가족에게 업무 시간을 정확히 알리고 물리적인 경계를 설정하라. 예를 들어 방문을 닫아 두거나, "방해 금지" 표시를 붙이거나, 헤드폰을 썼을 때는 말을 걸지 않기로 약속할 수 있다.
- 업무 시간 동안 무의미한 웹 서핑을 차단하는 생산성 앱이나 프로그램을 설치하라. 스마트폰은 무음으로 설정하거나 아예 다른 방에 두자.
- 장시간 방해받지 않고 일할 수 있는 환경과 장소를 선택하라. 예를 들어 조용한 도서관에 가거나, 편안한 조명의 쾌적하고 조용한 작업 공간을 집에 마련할 수도 있다.

익숙해지기 전까지는 주제별 하루 계획법이 다소 어렵게 느껴질 수 있다. 하지만 조금만 연습하면 더 이상 다른 방식으로는 일하고 싶지 않을 정도로 효율적이라고 느낄 것이다. 주제별 하루 계획법을 활용하면 삶이 훨씬 단순해지고, 내적 혼란이 줄어들며, 일이 더 즐거워질 수 있다. 특히, 정신없이 바쁘고 산만한 현대 사회에서 더 큰 안도감을 줄 수 있다.

오늘의 행동 과제

오늘 하루는 집중력을 흐트러뜨리고 일의 효율을 낮추는 '작업 전환'을 최소화하는 것에 집중해 보자. 프로젝트 단위가 아닌 하나의 주제 아래에서 유사한 활동들을 묶어 하루를 설계하는 것이다. 예를 들어 콘텐츠 구상이 오늘의 주제라면 여러 프로젝트의 콘텐츠 초안을 하루에 전부 써 보는 것이다. 이때 외부에서 오는 다른 주제의 업무(행정 업무, 소통 업무 등)에 방해받지 않도록 주의하자.

1%가 되려면 결정적 행동을 하라

최대의 성과를 낼 수 있는
활동에만 전념해 보자.

 단순히 행동을 '하는' 것만으로도 당신은 생각만 하고 계획만 짜는 사람보다 이미 한참 앞서 있는 것이다. 더 나아가, 만약 당신이 가장 큰 성과를 낼 수 있는 소수의 일만 '차별적으로' 할 수 있다면 당신은 더욱 앞서갈 것이고 들인 노력 대비 가장 큰 보상을 받게 될 것이다.

 생산성이나 자기 계발 분야의 책에서 자주 등장하는 단어 중 하나가 '레버리지Leverage(영어로 '지렛대의 힘'을 뜻한다. -옮긴이 주)'다. 이 개념이 실제로 의미하는 바는 무엇일까? 거대한 바위를 움직이기 위해 널빤지와 작은 돌을 이용해 지렛대를 만드는 장면을 떠올려 보자. 바로 이처럼 적은 노력으로도 큰 결과를 만들어 내는 '도구의 원리'를 활용하는 것이 레버리지의 핵심이다.

마음가짐, 감정, 행동에서 적절한 지렛대를 활용할 수 있다면 우리는 우리가 들이는 에너지와 노력을 극대화해서 언제나 최상의 결과를 낼 수 있다.

레버리지란 '투입한 시간 대비 얼마나 큰 성과를 냈는지를 보여 주는 수치'를 뜻한다. 즉, 적은 시간과 노력으로 큰 성과를 얻을수록 레버리지는 높아진다. 반대로 막대한 노력을 들이고도 미미한 결과만 만들어 내는 비효율적인 활동도 있다(이런 활동은 반드시 피해야 한다!).

더 의식적이고, 행동 중심적이며, 집중력 있는 삶을 살기 위해 우리는 가장 큰 바위를 움직이는 (널빤지와 돌 같은) '심리적 도구'를 활용하는 법을 터득해야 한다. 앞서 살펴본 것처럼 10퍼센트, 혹은 단 1퍼센트만이라도 나아지는 것이 결국 큰 차이를 만들어 내는 법이다.

그러면 어디서부터 시작해야 할까? 우선, 어떤 행동을 취하기 전에 스스로에게 물어볼 만한 유용한 질문들을 소개

한다:

- 이것을 더 단순하게 할 수는 없을까?
- 이것을 더 크게 할 수는 없을까?
- 이것 대신 할 수 있는 것은 없을까?

첫 번째 질문을 통해 우리는 시간과 정신적 에너지를 아끼는 길을 찾을 수 있다. 두 번째 질문은 우리가 보다 큰 결과를 만들어 낼 가능성을 제시하고, 세 번째 질문은 우리가 간과하고 있는 기회비용을 돌아보게 한다.

어떤 일이 레버리지가 높은 활동에 해당하는지는 개인과 상황에 따라 다르다. 하지만 결정적인 특징은 그 일을 통해 당신의 노력이 증폭된다는 점이다. 이런 활동이 복잡할 필요는 없다. 일부 작업을 자동화하거나, 반복 업무를 위임하거나, 가장 영향력 있는 업무 관계에 우선순위를 두고 집중하는 것만으로도 투입한 노력보다 훨씬 큰 성과를 얻을 수 있다.

조지 소로스George Soros는 이렇게 말했다. "우리에게 없는 자원을 새로 개발하는 것보다 이미 가진 자원을 효과적으로 활용하는 것이 훨씬 쉽다."

레버리지가 높은 작업의 비중을 최적화하라는 것은 부족한 시간과 에너지를 더 쏟아부으라는 것이 아니다. 전략적으로 자원을 배분하여 더 큰 결과를 만들어 내라는 것이며, 이는 단순히 일의 생산성을 높이는 것을 넘어서는 것이다. 이를 실천하는 구체적인 단계를 살펴보자:

1. 기록부터 시작하라. 자신이 주로 어떤 행동을 하는지 정확히 알지 못하면 행동을 최적화할 수 없다. 자신의 시간, 에너지, 돈 또는 기타 자원을 어디에, 어떻게 사용하고 있는지 정확히 기록하고 지속해서 관찰하라. 이 작업을 일주일만 해도 당신은 자원이 낭비되고 있는 지점, 투자가 과도하거나 부족한 영역, 실제로는 생각보다 더 큰 비용이 들어가고 있었던 업무 등을 명확히 알게 될 것이다. 추측이나 느낌에 의존해서는 안 된다. 당신이 지금 얻고 있는 결과를 냉정하게 평가하면서 주로 하는 행동의 효과를 구체적으로 측정하는 것이 필요하다.

2. 자신에게 맞는 활동을 선택하라. 당신의 능력, 관심사, 기

회, 경험과 가장 잘 맞는 활동을 찾아내자. 특히, 당신만이 해낼 수 있는 일에 집중할 수 있다면 더욱 좋다. 이것이 바로 당신이 타고난 고부가가치 기술이며 바로 이것에 집중해야 한다.

3. 지렛대를 설정하라. 자신이 잘하는 일이 대체로 무엇인지 파악했다면 이제 투자하는 시간, 에너지, 비용 대비 최대의 성과를 낼 수 있는 활동을 선별해야 한다. 이는 또한 자신이 능숙하지 않은 일은 다른 사람에게 맡겨야 한다는 뜻이기도 하다. 잘하는 일에 집중할 시간을 확보하기 위해 반복적인 작업을 자동화하거나 복잡한 업무를 대신 처리해 줄 사람을 고용하는 것도 좋다.

다음은 추가로 도움이 될 방법들이다:

❶ 파레토 법칙 Pareto principle

'파레토 법칙'은 이탈리아의 경제학자 빌프레도 파레토

Vilfredo Pareto의 이름을 딴 법칙이다. 19세기 후반, 그는 이탈리아 전체 영토의 약 80퍼센트를 단 20퍼센트의 인구가 소유하고 있다는 조사를 바탕으로 이 법칙을 만들었다. 시간이 지나며 여러 방식으로 발전한 이 법칙은 처음에는 개인의 생산성과 직접적으로 관련이 있는 개념은 아니었다. 하지만 파레토 본인은 당시에도 전체 중 극히 일부가 눈에 보이는 결과의 대부분을 만들어 낸다고 믿었다. 달리 표현하자면, 일의 결과는 대체로 몇 가지 결정적 요소에 의해서만 불균형적으로 좌우된다는 것이다.

이로써 파레토 법칙은 레버리지 법칙과 연결된다! 만약 당신이 최소한의 노력과 에너지로 최대의 효과를 보고 싶다면 '결정적 20퍼센트'를 찾아 그것에만 집중해야 한다. 물론 현실에서는 어떤 요소가 그 결정적 20퍼센트에 해당하는지 정확한 수치로 계산해 낼 수는 없다. 따라서 이 법칙은 어디까지나 대략적인 지침일 뿐이지만, 실행했을 때 가장 큰 효과를 낼 수 있는 핵심적인 활동과 목표를 정확히 파악하는 것은 분명 가치 있는 일이다.

물론, 열심히 일하는 것도 중요하고 더 생산적인 방식으로 일할 방법을 찾는 것 역시 가치가 있는 일이다. 하지만 같은 양의 노력을 들이더라도 무엇을 하고 무엇을 하지 않을지, 어디에 얼마나 집중할지 정하는 것만으로도 더 많은 것을 성취할 수 있다.

② 대충 하기 전략

가끔은 가장 중요한 그 20퍼센트를 찾아내려 애쓰지 않아야 할 때가 있다. 특히, 그것을 찾느라 오히려 일을 더 미루게 된다면 말이다. 당신 안의 완벽주의적 성향은 당신이 어딘가 부족한 결과를 내는 것을 받아들이지 못하겠지만, 어쩌면 이것이야말로 실제로 효과적인 일 처리 방식이 될 수도 있다.

말도 안 되는 소리처럼 들리겠지만 진짜다. 일부러라도 일을 좀 허술하게, 대충, 또는 완벽하지 않게 해 보라. 왜 그래야 할까? 이렇게라도 할 수 있다면 놀랍게도 미루기의 악순환은 이미 깨진 것이나 다름없기 때문이다. 게다가 다음번에는 하지 말아야 할 것들에 대한 유용한 데이터를 한가득 얻을 수도 있다.

그러면 어떻게 하는 것이 '대충'하는 걸까? 예를 들어, 글이 안 써진다면 그냥 앉아서 일부러 엉망진창인 글을 써 보라. 맞춤법과 문법에서 오류가 가득하고, 알고 있는 모든 진부한 표현과 무의미한 문장을 생각나는 대로 잔뜩 써 보는 것이다. 시간이 지나 이 초고를 다시 꺼내 단지 썼던 것의 반대로만 고쳐 보면 어떨까? 어떤 사람들은 집이 심각할 정도로 지저분하고 엉망진창인 상태로 살아간다. 그런데 그 이유는 역설적으로 그들의 기준이 너무 높아서 어디서부터 청소를 시작해야 할지 몰라 아예 손도 대지 못하기 때문이다. 그래서 그들은 절대 시작할 수 없다.

하지만 일부러 대충 하기로 마음먹었다면 너무 깊이 고민하지 말고 그냥 아무 데서나, 아무 방식으로나 청소를 시작하면 된다. 예를 들어, 손님에게 보여 줄 공간을 무작위로 골라서 그곳만 청소하는 식으로 작은 꼼수를 써도 괜찮다.

지름길을 택하라. 그리고 조금은 성급해도 괜찮다. 완벽한 계획은 없어도 된다. 최신 정리 기법을 찾아 읽을 필요도 없다. 기발한 아이디어나 한가한 토요일 아침 시간도 필요치 않다. 그냥 대충 하라. 일단 시작하고 나면 계획은 저절로 떠오르기 시작하고, 제대로 하고 싶은 의욕도 점점 더 솟아날 것이다.

 아이러니하게도 처음부터 대충 하기로 마음먹었을 때 오히려 더 많은 것을 해내기도 한다. 결국 당신에게 가장 중요한 20퍼센트는 그저 시작하는 것이었다.

오늘의 행동 과제

이 절의 내용을 돌아보며 당신의 '결정적 20퍼센트'를 찾아보자. 그것만 실천해도 당신에게 나머지 80퍼센트를 가져다줄 핵심적인 행동이 무엇인지 관찰해 보자. 그것 외에는 과감히 무시해도 괜찮다고 생각하라! 또한 당신의 목표나 '할 일 목록'을 다시 한번 점검하면서, '결정적 20퍼센트'를 기준으로 당신에게 필요하지 않은 항목이 있는지 살펴보라. 가장 효과적인 것에 집중할 수 있도록 목록을 수정해 보자.

4장 핵심 요약

- 행동하는 것이 중요하지만 때로는 하지 않는 것이 가장 중요한 행동이 될 수도 있다. 매주 '하지 않을 일 목록'을 만들어 불필요한 습관, 무의미한 일, 행동의 방해 요소를 제거하라. 우선순위가 아닌 것들은 전부 과감히 배제하라.
- '제거를 통한 개선'이란 불필요한 것은 잘라 내고 결과를 가져다주는 행동에만 집중하는 것을 의미한다. 실수를 줄이고 유혹, 장애물, 그리고 시간을 낭비하는 쓸데없는 습관을 제거하라.
- 정보와 콘텐츠도 일종의 마약이 될 수 있다. 우리는 소비하는 정보를 의식적으로 선택해야 한다. '정보 다이어트'를 통해 정신 건강, 여유 시간, 그리고 집중력을 되찾을 수 있다. 더 신중하게 사실에 가까운 정보만을 선택하라.

- 자주 작업을 전환하는 것이나 동시에 여러 종류의 일을 처리하는 것은 일의 생산성을 떨어뜨리고 시간과 에너지를 낭비하게 만든다. 이를 막기 위해 하루를 미리 주제별로 계획하여 '작업 전환'을 최소화하라. 업무는 주제별로 묶어서 하고, 외부의 방해를 받지 않고 작업에 몰두할 수 있는 시간을 확보해야 한다.
- '레버리지'가 높은 활동에만 의식적으로 전념하라. '파레토 법칙'을 활용해서 결과에 가장 큰 영향을 주는 '결정적 20퍼센트'를 찾아내 그것에만 집중하라. 시간과 에너지 자원을 분배할 때도 전략적으로 접근하라.

5장

한 걸음 물러서서 바라보라

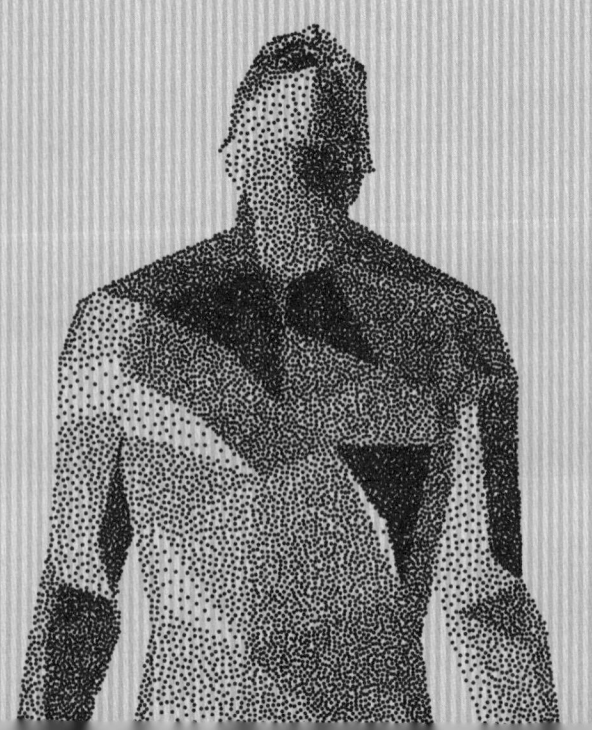

마지막 장에서는 지금까지 우리가 함께 엮어 온 실타래들을 하나로 모아 정리하고자 한다. 그동안 우리는 올바른 방향으로 꾸준히 나아가는 목적 있는 행동이 삶에 의미 있는 변화를 만들어 낸다는 사실을 확인해 왔다. 그 과정에서 크고 거창한 변화보다 작지만 일관된 매일의 실천이 더 큰 힘을 발휘한다는 것도 이해할 수 있었다. 또한, 성공은 단지 '무엇을 할 것인가'에만 달려 있는 것이 아니라 '무엇을 하지 않을 것인가', 그리고 더 나아가 '예상치 못한 방해

나 좌절, 장애물에 어떻게 대처할 것인가'에 따라서도 크게 좌우된다는 점 역시 깨달았다.

이제 우리는 한 걸음 물러설 것이다. 지속 가능한 행동 지향적 삶을 보다 넓은 관점에서 바라보며, 꾸준히 실천할 수 있는 몇 가지 기법과 접근법을 추가로 살펴보고자 한다.

의도적인 호기심을 길러라

호기심에 지배당하지 않으면서
호기심을 활용하는 방법을 알아보자.

　자기 절제를 요구받는 것은 사람들에게서 종종 거부감을 불러일으킨다. 마치 자유를 박탈당하는 것처럼 느껴지고 주의를 제한하기만 하는 지루한 일처럼 느껴지기 때문이다. 한마디로 재미가 없다. 이렇듯 붙들고 있어야 하는 일은 지루하고 뻔하기만 한데, 이때 방해 요소가 불쑥 의식 속에 등장하면 마치 특별한 선물을 받는 것처럼 황홀한 기분이 든다. 우리가 이런 방해 요소를 '해로운 것'으로 인식하기란 거의 불가능해서, 결국 우리는 집중력을 잃고 하던 일을 멈취 버린다.

집중을 방해하는 요소들과 유혹에 관해 이야기하다 보면 마치 이것이 도덕적인 문제처럼 느껴지기 쉽다. 하지만 이는 단순히 당신이 호기심을 느끼는 것이다. 예를 들어, 스마트폰이 울리면 무슨 알림인지 확인하고 싶고 뭔가 더 있을까 싶어서 계속 스크롤을 내린다. 혹시라도 흥미롭고 중요한 정보가 있을까 봐 빛나는 화면을 응시한다. 이것은 당신의 도덕성이나 인격의 문제가 아니다. 단지 주변에서 일어나는 일을 알고자 하는 타고난 호기심이 엉뚱한 방향으로 흐르는 것이다.

그리하여 우리는 호기심과 집중력이 서로 충돌하는 지점에 도달하게 된다. 우리는 이대로 새롭고 흥미를 끄는 모든 방해 요소를 향한 호기심을 억눌러야만 하는 걸까?

꼭 그런 것만은 아니다. 하지만 타고난 본성과 맞서 싸우는 것이 아니라 이를 활용하는 법을 제대로 터득하려면 먼저 '주의력 장Attentional field'이 실제로 어떻게 작동하는지 알아야 한다. 주의력 장은 궁극적으로 우리 내면에 있는 하나의 무대와 같다. 그리고 이 무대 위에서 모든 생각, 감정, 감각, 인식이, 두뇌에서 가장 중요한(그리고 한정된) 자원인

'주의력'을 차지하기 위해 경쟁하고 있다!

당신이 무언가에 집중하고 있을 때는 '전전두엽 피질Prefrontal cortex'이 활성화되고, 반대로 주의가 산만해지면 '두정엽 피질Parietal cortex'이 활성화된다. 두정엽 피질은 전전두엽 피질보다 더 빠른 주파수의 뇌파를 방출하는데, 이는 곧 두정엽이 자극에 더 신속하게 반응한다는 의미다. 진화론적인 관점에서 보면 뇌가 이렇게 작동하는 것은 합리적이다. 뇌는 외부에서 오는 새로운 자극을 먼저 처리해야 그것이 위협인지, 아니면 빠르게 잡아야 할 기회인지 판단할 수 있기 때문이다. 하지만 현대 사회에서는 스마트폰 알림이나 반짝이는 화면에 반응하는 것은 생존에 아무런 도움이 되지 않는다(어쩌면 오히려 해가 될 수도 있다). 그런데도 우리의 신경생물학적 시스템은 오로지 익숙한 방식으로만 반응할 뿐이다.

자연이 우리의 호기심을 자극하는 경우는 드물다. 그것도 대부분 우리가 위험이나 위협을 감지해야 하는 순간에 있을 때만 그렇다. 반면 인간이 만든 세계는… 끝없는 자극으로 가득 차 있으며 그 목적 역시 대부분 우리의 주의를 사로잡아 무언가를 팔기 위함이다! 그러니 집중하는 일이

때로는 고된 싸움처럼 느껴진다 해도 그것은 결코 당신만의 문제가 아니며 당신의 잘못도 아니다.

의도적 호기심이란 더 의식적이고 더 신중하게, 그리고 분명한 목적을 가지고 주의력을 사용하는 것을 뜻한다.
그렇다면 어떻게 의도적 호기심을 실천할 수 있을까?

① 뻔한 방해 요소를 미리 차단하라

애초에 물리적으로 방해받을 수 없는 상황을 만들면 유혹을 이겨낼 의지력은 필요치 않을 것이다. 쉽게 할 수 있는 행동부터 시작하면서 나타날 수 있는 잠재적인 방해 요소를 앞서 없앨 수 있도록 하라. 아직 의지와 집중력이 강할 때 미리 차단을 설정해 두는 것이 좋다. 눈앞에 나타난 팝업이나 알림 창을 의지로 이겨낼 수 있을 거라 기대하는 것은 위험하다. 방해 요소를 물리적으로 최소화하기 위해 할 수 있는 일은 다음과 같다:

- 스마트폰은 다른 방에 두거나 최소한 무음으로 설정한 뒤 화면이 보이지 않도록 뒤집어 놓는다.
- 문에 "방해 금지" 표시를 붙이거나, 문을 잠그거나, 아무도 찾을 수 없는 조용한 곳으로 간다.
- 일을 시작하기 전에 배고픈지, 목이 마른지, 피곤한지, 춥지는 않은지 점검해서 생리적으로 방해받지 않도록 하라.

② 작은 방해를 허용하라

직관에 어긋나는 방법일 수도 있지만 뇌가 받아들이는 외부 자극의 양을 조금 늘려 보는 것도 하나의 방법이다. 이른바 '커피숍 효과Coffee shop effect'란, 낮은 수준의 배경 소음이 오히려 집중력을 높여주는 현상을 말한다.

우리가 의식적으로 뇌의 '인지 용량Cognitive capacity'을 일정 수준까지 채우면 방해 요소에 주의를 돌릴 여력이 줄기 때문이다. 미미하지만 꾸준히 배경 자극을 추가해 가며 심각한 방해 요소에는 휘말리지 않는 방법이라고 생각하면 된다. 자신에게도 효과가 있을지 가볍게 실험해 보라. 실제로 잔잔한 연주 음악을 배경에 틀어두면 더 큰 방해 요소는 무시하기 쉽다고 느끼는 사람이 많다.

❸ 어떻게 반응할지 선택하라

방해 요소가 생겼을 때는 '왜 내가 이걸 신경 쓰는 걸까?'라고 스스로 물어보자. 주의는 순간적으로 빼앗길 수 있지만 그다음 순간에 어떻게 반응할지는 당신이 선택할 수 있다. 당신의 주의를 빼앗는 것이 정말로 중요한 일인지를 생각해 보는 것이다.

"갑작스러운 자극에 주의를 빼앗기더라도
주의를 기울일지 말지는 결국 당신이 정해야 한다."

주의를 원하는 방향으로 통제할 능력이 당신에게 있음을

의식적으로 인식하라. 정말 중요하고 유용한 일이 떠올랐는데 분주한 상황이라면 나중에 다시 확인할 수 있도록 기록해 두라(물론 화재 경보 같은 긴급 상황은 예외다). 한편, 갑자기 하던 일을 멈추고 인터넷을 둘러보거나, 멍하니 허공을 바라보거나, '스마트폰을 확인'하고 싶다면 그 충동을 일방적으로 무시하지 말고 그것이 주는 메시지나 의미가 있는지 스스로에게 물어보자. 혹시 휴식이나 중간 점검이 필요한 시점일까? 아니면, 생각이 막다른 길에 다다른 것은 아닐까?

④ 호기심에 자유를 줘라

우리의 뇌나 몸을 포함해 이 세상 그 어떤 것도 쉼 없이 100퍼센트 상태를 유지하며 작동할 수는 없다. 쉬는 시간은 필수적이며, 이는 생산적인 활동을 방해하는 것이 아니라 오히려 그것을 가능하게 하고 뒷받침하는 과정에 해당한다. 에너지가 소진되었다는 신호를 계속 무시하다 보면 오히려 더 쉽게 산만해지고, 결국 흐트러진 집중력을 되찾으려 애쓰느라 불필요한 에너지 소모만 하게 된다.

  길든 짧든, 휴식은 꼭 필요하다. 가끔은 의식적으로 머리를 비우고 생각이 자유롭게 흘러가도록 내버려두자. 우리의 뇌는 단순한 기계가 아니며 사고도 늘 직선으로만 흘러가지 않는다. 때로는 목적 없이, 자유롭게, 창의적으로, '의식적으로 마음을 흐트러뜨리는' 여유를 갖자.

  이렇게 마음이 자유로워질 때 당신의 생각은 어디로 향하는가? 이때 떠오르는 흥미로운 아이디어나 질문들을 적어 보자. 마음 가는 대로 끄적이거나 엉뚱한 생각들을 재미 삼아 꺼내 보는 것도 좋다. 결국, 호기심은 재능이자 유용한 본능이다. 가끔은 그 본능이 본래의 역할을 다할 수 있도록 자유롭게 풀어 주자.

  당신의 타고난 호기심이 어떻게 활용되고 있는지 주의 깊게 살펴보라. 관심을 쏟을 대상을 의식적으로 선택하고 거기에 집중함으로써 호기심의 주도권을 되찾아야 한다. 새로운 것에 대한 관심을 긍정적으로 받아들이고 상상력을 자극하며 창의성을 불러일으키는 것들을 마음껏 탐구해 보자. 그러나 당신의 호기심을 빼앗아 왜곡하려는 모든 방해 요소에는 단호히 맞서야 한다.

오늘의 행동 과제

최근 당신이 진심으로 호기심을 느꼈던 것들을 몇 가지 떠올려 기록해 보자. 그리고 그 호기심을 마음껏 탐구할 수 있는 시간을 따로 마련해 보자. 또는 오늘 해야 할 일을 모두 마친 뒤, 자신에게 주는 보상으로 관심사를 자유롭게 즐기는 여가 시간을 누려 보는 것도 좋다.

행동 공식

생각, 감정, 체력과 행동의 관계를
공식으로 알아보자.

수학에 익숙하지 않은 사람에게 '공식'은 어렵고 불필요한 것으로 느껴질 수 있다. 하지만 이 절에서 등장하는 '행동 공식Action formula'은 정말로 커다란 개념을 빠르고 간결하게 요약하고 있다.

행동 공식은 다음과 같다:

$A = S \, (T + F)$

이 방정식을 어떻게 해석해야 할까? 각 변수의 의미는 다음과 같다:

- **A는 행동**Action을 뜻하며 특정 목표를 달성하기 위해 취한 모든 행동의 결과 또는 효과를 의미한다.
- **S는 체력**Stamina을 뜻하며 행동에 필요한 정신적·신체적 자원을 의미한다. 이는 단순히 신체적 능력만이 아닌 인지적 능력까지 포함한 전반적인 건강과 지구력을 나타내는 척도이다. 신체적으로 기운이 없고, 피곤하며, 정신적으로도 지쳐있다면 전반적인 체력 변수가 낮아져 행동력을 떨어뜨린다.
- **T는 생각**Thought을 나타낸다. 이는 내면의 심리적 또는 인지적 과정으로 신념, 인식, 주관, 태도, 사고 패턴 등을 포함한다. 이러한 요소들은 모두 행동에 영향을 미친다. 긍정적이고 유연한 생각일수록 수치상 더 큰 값을 가지며, 반대로 부정적이고 제한적인 생각은 작은 값을 가지거나 심지어 음수 값이 될 수도 있다.
- **F는 감정**Feeling을 의미하는데, 이는 행동을 지속하게 하거나 방해하는 모든 감정을 일컫는다. 이때의 감정이란

욕망, 열정, 동기, 흥분, 기대, 의지, 희망, 몰입과 같은 (긍정적이고 더 큰 값을 지닌) 감정들과 두려움, 분노, 의심 같은 (부정적이고 작은 값을 지닌) 감정들까지 모두 아우르는 개념이다.

따라서 행동 공식은 "행동(A)은 생각(T)과 감정(F)의 합에 체력(S)이 곱해진 결과물과 같다"를 뜻한다고 할 수 있다.

이 책에서 우리는 그동안 인지적 장애물, 감정적 걸림돌, 그리고 올바른 행동에 도움이 되거나 방해가 되는 실질적 요인들을 여러 측면에서 살펴봤다. 이 공식은 이러한 모든 요소를 하나로 통합하여 보여 주며, 요소들 간의 관계를 이해하는 데도 도움을 준다.

대충 보아도 이 변수들 중 하나의 값이 크다고 해서 원하는 결과를 얻을 수는 없다는 것을 알 수 있을 것이다. 예를 들어 우리가 행동에 대해 매우 긍정적인 사고방식(T)을 가지고 있고, 긍정적인 감정(F)을 풍부하게 느낀다 해도, 신체적으로 건강하지 않거나, 피로하거나, 불편함을 느낀다면 결국 우리의 행동량은 크게 줄어들 수밖에 없다. 또, 우리가 건강하고 활력이 넘친다 해도 부정적인 사고와 감정이 우리를 갉아먹고 있다면 몸 상태와 상관없이 행동으로 옮기지 못할 수도 있다.

행동 공식은 행동이 그저 무無에서 나오거나 막연한 의지력에서 비롯되는 것이 아님을 이해할 수 있도록 돕는다. 결국 행동이란 신체적·정신적·감정적 힘과 건강한 삶이 적절히 조화를 이룬 상태가 겉으로 드러난 것이다.

어떤 사람은 강철 같은 끈기와 강인함으로 버티는 반면 어떤 사람은 조금만 힘들어도 쉽게 포기하는 이유는 무엇일까? 물론 태도 때문이지만, 그 태도는 그들이 상황을 바라보고 생각하는 방식과 밀접하게 연관되어 있고 이러한 사고방식은 다시 몸, 즉 근섬유와 뇌 신경이 건강한 상태에 있을 때만 더 높은 목표를 위해 제대로 작동할 수 있다. 생각과 감정은 행동을 결정짓는 요소라고 할 수 있으며 체력(더 솔직하게 말하자면 체력의 부족)은 일종의 '행동 제한 변수'다. 흔히 "할 수 있다고 믿으면 할 수 있다"라고 하지만… 과음으로 숙취에 시달리거나, 잠이 부족하거나, 몸이 아플 때는 그 말이 전혀 와닿지 않는다! 행동이라는 게 임은 주로 머릿속에서 이루어지지만 그것이 전부는 아니다. 생각과 감정이 결정한 행동을 체력이 뒷받침할 수 있어야 한다.

그렇다면 삶을 개선하고 유익한 행동을 더 많이 할 수 있도록 우리는 이 공식을 어떻게 활용할 수 있을까? 그 방법은 여느 공식과 마찬가지다.

"좌변을 바꾸고 싶다면 우변을 조정하면 된다.
생각과 감정 그리고 체력의 질을 높이면
행동력은 자연스럽게 증가한다."

생각은 행동의 씨앗이고 감정은 씨앗을 키워 내는 물이다. 그리고 체력은 생명의 근원적인 요소로서 씨앗이 뿌리 내리는 토양이 된다. 행동은 목표를 향한 우리의 노력이 만들어 낸 결과물이자 우리가 이룬 결실이다.

① 목표와 체력 변수를 점검하라

행동 공식은 의도하는 구체적인 행동이나 목표가 있을 때 적용할 수 있다. 이때 중요한 것은 집중과 우선순위다. 모든 생각(T)과 감정(F)이 의미 있는 행동으로 이어지는 것은 아니기 때문이다. 우리의 체력(S)은 한정되어 있어서, 이를 각기 다른 목표에 어떻게 쓸지(말지까지도) 신중히 고려해야 한다.

당신의 목표는 무엇인가? 책 한 권 내기, 10킬로그램 감량하기, 지게차 운전 배우기, 1억 모으기, 아니면 아코디언 완벽히 연주하기? 목표가 무엇이든, 먼저 '무엇을', '왜', '언제', '어떻게' 할 것인지를 분명히 해야 한다. 즉, 목표가 구체적인 행동으로 나타날 때 어떻게 보일지 알아야 한다. 다음으로 할 일은 당신이 비축한 체력과 목표 수행 능력을 가감 없이 점검하는 것이다. 몸을 써야 하는 목표만이 에너지를 소모한다고 단정 짓지 마라. 뇌도 몸의 일부이며 다른 신체 기관과 마찬가지로 생리적 자원을 소모한다는 점을 잊어서는 안 된다! 현재 당신의 에너지 수준은 어떠한가? 회복력과 건강 상태는 어떤지, 정신은 또렷한지도 점검해 보자.

❷ 생각과 감정을 점검하라

우선, 현재 당신의 생각과 감정을 인식하는 것부터 시작해야 한다. 우리 대부분은 잠시 멈춰 제대로 살펴보기 전까지는 자신이 무엇을 생각하고 느끼는지조차 확신하지 못한다.

생각과 감정을 단순히 '긍정적', '부정적'으로만 구분하지 말고 그것이 목표를 향한 행동에 도움이 되는지, 아니면 방해가 되는지를 기준으로 바라보라. 예를 들어, "나는 무엇이든 할 수 있다"라는 말은 언뜻 긍정적으로 들리지만 실제로는 (부담과 완벽주의적 사고를 불러일으켜) 오히려 행동을 주저하게 만들 수도 있다. 그러므로 생각과 감정을 개별적으로 판단하기보다는 전체적인 맥락 속에서 각각이 어떻게 기능하고 있는지 살펴보자. 당신의 생각과 감정은 목표 달성에 도움이 되고 있는가, 아니면 오히려 방해만 되고 있는가?

이제 해야 할 일은 도움이 되지 않거나 행동을 방해하는 생각과 감정을 서서히 변화시키는 것이다. '목표를 향해 나아가려면 어떤 생각과 감정을 길러야 할까?'라고 스스로에게 질문을 던져 보라.

이처럼 보다 큰 맥락에서 접근하면 당신이 무엇에 집중하고 전념할지가 분명해진다. 이는 당신의 뇌를 다시 프로그래밍해야 하는 문제가 아니다. 목표 달성에 실제로 도움이 되는 생각과 감정에 더 많은 에너지와 관심을 쏟기만 하면 된다. 혹시 특별히 도움이 되는 생각이나 감정을 발견하게 된다면 그것을 적극적으로 활용할 창의적인 방법을 모색해 보자.

③ 행동값을 크게 유지하라

행동 공식은 불변의 법칙 같은 것이 아니다. 변수 간의 역동적이고 유기적인 관계를 표현한 것이므로 그 값은 매일 달라질 수 있다. 그리고 가끔 공식의 어떤 값이 부족할 때

다른 값을 강화해서 전체적인 균형을 맞출 수도 있다.

예를 들어, 만약 당신이 두려움 같은 부정적인 감정으로 어려움을 겪고 있다면 힘든 일을 앞두고 충분히 휴식을 취하고 건강을 유지하는 것으로 대비할 수 있다(S값의 증가). 또, 긍정적인 사고를 기르고 유지할 수 있도록 최대한 노력할 수도 있다(T값의 증가). 이렇게 하면 A의 값은 계속 크게 유지될 수 있으며, 당신은 두려움과 상관없이 행동할 수 있다.

꾸준히 전체적인 진행 상황을 점검하고 변수들의 균형이 날마다 어떻게 변하는지 돌아본다면 각각의 값을 상황에 맞게 조정하는 법을 터득할 수 있을 것이다. 행동에 성공했을 때는 무엇이, 왜 중요했는지 주의를 기울여 분석해 보자(실패한 경우도 마찬가지다). 목표를 달성했다면 잠시 멈춰 그 사실을 축하하자. 이후에는 다음 목표에 맞춰 생각과 감정을 다시 조정해야 할 수도 있다. 중요한 것은 집중력을 유지하고, 유연하게 대응하며, 어떤 상황에서도 행동을 이어가는 것이다.

오늘의 행동 과제

현재 집중하고 있는 목표에 행동 공식을 적용해 보고 변수들이 균형을 이루고 있는지 살펴보자. 자신에게 행동의 어떤 요인이 가장 부족한지 분석해 보자. 그리고 그 부족한 요인을 보완할 방법을 찾아 실행해 보자. 어떠한 상황에서도 행동값을 크게 유지하는 것이 중요하다.

바른 비교의 방법

비교는 '기쁨을 앗아가는 도둑'일 수 있지만
제대로 된 비교는 그렇지 않다.

 자신의 부족한 점을 남과 비교하는 것은 당연히 바람직하지 않은 습관이며 그저 기분만 나쁘게 만들 뿐이다. 하지만 비교 자체가 본래 나쁜 것은 아니며 오히려 우리를 더 나은 방향으로 이끌고 의미 있는 행동을 촉진할 수도 있다.
 예를 들어 두 사람이 있다고 해 보자. A와 B는 화려한 분위기의 업계 행사에 참석했다. 그곳은 부담스러울 정도로 성공한 사람들로 가득했다. A와 B는 똑같이 유능한 사람이지만 이 자리에서 전혀 다른 경험을 하게 된다.

A는 이렇게 말한다. "아, 저 가식적인 잘난척쟁이들 좀 봐. 가슴에 명찰까지 달고서 자기들이 우리보다 훨씬 우월하다고 생각하고 있어. 우리랑 별반 다를 것도 없으면서 돈은 엄청나게 받아 간다니 믿을 수가 없네. 그냥 바에 가서 한잔할래?"

반면 B는 이렇게 반응한다. "와, 여기 있는 사람들 정말 대단한데! 저 사람들은 어떻게 저 자리까지 올라갔을까? 저 사람들이 할 수 있었다면 나도 할 수 있겠지? 나도 꽤 많이 알고 있다고 생각했는데 아직도 배워야 할 게 정말 많네. 혹시 저 사람들 중 한 명에게 멘토링을 부탁할 수 있을까? 이번 행사가 끝나면 실력을 더 키울 수 있도록 강의나 프로그램을 신청해야겠어!"

A와 B 모두 비교를 하고 있지만 그 방식은 완전히 다르다. '바른 비교'란 다른 사람의 성공을 일종의 위협이나 자신에 대한 평가로 받아들이는 것이 아니라 영감과 배움의 기회로 삼는 것이다. 즉, 다른 사람의 성취를 진심으로 축하할 수 있으며 그들의 성공이 곧 나의 실패를 뜻하는 것은 아니라는 사실을 깨닫는 것이다.

그렇다면 바른 비교와 바르지 않은 비교를 어떻게 구분

할 수 있을까? 방법은 간단하다. 바른 비교는 유익하고 창의적인 행동을 촉진하는 한편 이를 방해하지 않는다.

이와는 달리 바르지 못한 비교를 하는 사람은 남을 탓하거나 변명하느라 시간을 허비한다. 게다가 남의 성공만을 부러워하다 보니 자신의 목표를 차근차근 이뤄가기보다는 오히려 노력하지 않게 된다. 결국 어떤 관점을 취하느냐의 문제다. 우리는 다른 사람의 성공을 배움과 성장의 원동력으로 삼을 수도 있고, 반대로 자신의 실패로 받아들일 수도 있다. 더 나쁘게는 남의 실패를 기다리다 끝날 수도 있다!

자신도 모르게 '저 사람이 나보다 낫지'라고 생각하거나 말하고 있다면 이는 당신이 바르지 않은 비교를 하고 있다는 경고 신호일 수 있다. 사실 알고 보면 다른 사람이 당신보다 더 낫다고 할 수는 없다. 그들은 단지 조금 더 지식을 보유하고 있거나, 조금 더 기술을 익혔거나, 조금 더 경험을 쌓아서 당신보다 조금 더 앞서 있을 뿐이다. 그것만으로 그들이 당신보다 더 가치 있거나 중요한 존재인 것은 아니라는 뜻이다.

비교는 우리가 배우고 성장하기 위해 활용할 수 있는 도구가 될 수도 있고, 자신을 몰아세우는 채찍이 될 수도 있다. 결국 중요한 것은 다른 사람을 바라보는 태도이다.

비교는 특히 급여나 외모처럼 피상적인 요소를 기준으로 할 때 더 자신감을 떨어뜨리고 불안을 키울 수 있다. 또, 위험을 감수하는 것을 주저하게 하고 자신의 의견을 내는 것조차 망설이게 할 수도 있다. 절대 다른 사람만큼 하지 못할 것 같은 두려움 때문에 우리는 행동하지 못하게 되고, 도전을 피하거나 소극적으로 행동하게 될 수도 있다. 이런 태도야말로 우리의 성장과 성공을 가로막는 가장 큰 걸림돌이다!

하지만 문제는 여기서 끝나지 않는다. 비교는 우리의 공감 능력을 떨어뜨리고 타인을 쉽게 판단하게 하며 씁쓸함이나 질투심까지 불러일으킨다. 다른 사람의 성공 뒤에 숨겨진 노력을 제대로 인정하지 않기 때문에 현실과 동떨어진 기대를 품게 되어 스스로 반성하는 능력마저 잃어버리게 된다. 이렇게 되면 세상을 바라보는 시야가 왜곡되고 설상가상으로 일종의 피해의식에 빠져 '나는 성공할 수 없는 사람'이라고 은연중에 벽을 쌓아버릴 수도 있다.

해결책은 비교를 멈추는 것이 아니다. 오히려 비교를 현명하게 그리고 자신의 성장에 도움이 되도록 활용해야 한다. 다른 사람의 행운이나 외적 요소에 불필요하게 집착하는 것은 분명히 바람직하지 않다. 그렇게 비교한다고 해서 우리가 앞으로 나아가는 것은 아니기 때문이다. 그보다는 성공 뒤에 감춰진 노력과 과정에 주목하는 것이 훨씬 유용하다. 따라 할 수 있는 구체적인 방법을 배울 수도 있기 때문이다. '그들은 어떻게 그 목표를 이루었을까?', '같은 길을 가기 위해 무엇을 할 수 있을까?' 결국, 당신보다 뛰어난 사람들은 사실 당신의 경쟁자가 아니라 당신의 '멘토'일지도 모른다.

자신보다 뒤쳐진 사람과 비교하며 위안을 얻으려 하는 것도 잘못되었다. 그런 비교는 잠시 우월감을 가져다줄지도 모르겠지만 근본적으로 당신이 성장할 기회를 가로막는다. 당신을 거만하고 안일하게 만들고 실제로 그렇지 않은데도 마치 성공한 것처럼 착각하게 할 뿐이다.

만약 비교하려면 당신이 목표로 하는 위치에 이미 도달

해 있는 사람들과 비교하라. 이때는 전략적으로 자신의 강점과 그들의 강점을 비교해야 한다. 결국 비교의 대상이 되는 것은 당신 자신이 아니라 당신의 행동, 전략, 지식, 경험이라는 점을 명심하라. 이것들은 얼마든지 발전할 수 있고 반드시 발전할 것이다. 당신이 배움의 기회를 받아들인다면 말이다.

다음은 비교를 효과적으로 활용할 수 있는 몇 가지 방법들이다:

① 타인의 성공을 바라보는 관점을 전환하라

다른 사람의 성공을 바라보는 관점을 바꾸는 것이 중요하다. 성공은 '제로섬 게임'이 아니다. 누군가가 정상에 도달했다고 해서 당신이 기회를 잃는 것은 아니다. 당신의 능력에도 전혀 영향을 미치지 않는다.

당신에게 내적 동기가 충분하다면 다른 사람의 성공이 당신에게 위협이 될 이유는 전혀 없다. 만약 그들의 성공

때문에 불안해지거나 자신의 부족한 점을 더욱 의식하게 된다면 오히려 감사하라. 그것은 당신 안에 아직 충족되지 않은 욕망이 있음을 알려 주는 신호다. 타인에 대한 부러움은 불편한 감정일 수 있다. 하지만 때로는 자신이 진정으로 소중하게 여기는 목표를 마음속 깊은 곳에서 일깨우기도 한다. 그러니 남이 아닌 오직 당신과 당신의 꿈에 온 신경을 집중하라.

② 자신보다 조금 앞서 있는 사람과 비교하라

만약 당신이 가수를 꿈꾸는데 세계적으로 유명한 스타들과 자신을 비교하면 의욕만 꺾일 뿐이다. 그들의 이야기가 영감을 줄 수는 있지만 지금은 당신보다 몇 걸음 정도 앞서 있는 사람들을 바라보면 더 큰 용기를 얻을 수 있다.

당신 주변에는 지역 행사에서 공연하는 사람이 있을 수도 있고 소규모 레이블과 이제 막 계약을 체결한 사람이 있을 수도 있다. 그들은 어떻게 그 단계에 도달했을까? 당신도 같은 길을 가기 위해 무엇을 할 수 있을까? 다시 말하지만, 차이를 만드는 것은 행동이다. 억만장자나 슈퍼스타와 자신을 비교하는 것보다 지금의 당신보다 1~2년 앞서 있는 사람들을 참고하는 것이 훨씬 더 도움이 된다.

③ 겉모습이 아닌 내면을 비교하라

바르지 않은 비교는 겉으로 보이는 것에 지나치게 집착한다. 예를 들어, 소셜 미디어는 인생의 '하이라이트'만을 모아서 보여 준다. 이것들은 겉보기엔 화려해도 실제 삶과는 상관없는 피상적인 모습일 뿐이다. 이런 이미지들은 철저히 연출된 결과물일 뿐이다. 거기에는 그 사람이 성공을 위해 어떤 마음가짐을 가졌는지, 얼마나 노력했는지, 어떤 전략을 사용했는지에 대한 정보는 담겨 있지 않다. 그러니 단순히 그들과 겉모습을 비교하는 것만으로 당신이 꿈을 이루기 위해 무엇을 해야 하는지는 알 수 없다.

훨씬 더 유용한 비교법은 그들의 '내면'에 주목하는 것이다. 즉, 일과 삶에 대한 그들의 태도, 가치관, 사고방식, 습관, 직업 윤리, 그리고 역경을 대하는 자세를 살펴보는 것이다.

 비교는 현실적이고 전략적으로 하라. 결승선을 통과하는 모습이 멋져 보이는 사람들을 동경하지 마라. 대신 마라톤을 완주하기 위해 묵묵히 훈련하는 사람들과 자신을 비교하고, 그들의 방식에 관심을 두자. 그 과정은 생각만큼 근사하지 않을 수도 있다!

오늘의 행동 과제

당신이 심하게 부러워하는 사람을 한 명 떠올려 보라. 그런 다음 그 부러움을 배움으로 전환해 보자. 그들은 당신의 숨은 멘토이자 본보기다! 그들이 매일 하는 행동은 무엇인가? 당신도 같은 행동을 할 수 있는가?

누구나 기복은 있다

행동에 기복이 있어도 괜찮은 이유와
'일탈 분석'을 활용하는 방법을 알아보자.

당신이 지금까지 이 책에서 소개된 기법들을 적용해 일정 기간 꾸준히 행동을 실천해 왔다면 아마 지금쯤 한 가지를 깨닫기 시작했을 것이다. 어떨 때는 기대 이상으로 해내기도 하지만… 간혹 평상시 수준에도 못 미쳐 답답할 때가 있다는 것을.

하지만 탄력적이고 유연하며 영구적인 행동 습관을 형성하는 과정에서 이러한 오르내림은 두려워할 대상이 아니다. 오히려 이를 성장의 도구로 활용할 수 있기 때문이다.

행동 중심적인 관점을 지니고 '성장형 사고방식Growth mindset'을 유지하기 시작하면 우리는 결과가 아니라 과정에 집중하게 된다. 즉, 우리가 겪는 성공과 실패 그리고 그 과정에서 일어나는 모든 일은 결국 성장과 발전을 위한 밑거름이 될 뿐이다.

관리자들은 종종 '밝은 점 분석Bright spot analysis'이라는 것을 한다. 이는 당신이 유독 뛰어나고 성공적이었던 순간을 분석하는 기법을 그럴듯하게 표현한 말이다. 주로 업무 평가에서 활용되지만 우리는 이 원칙을 개인의 삶에도 적용할 수 있다. 특히 효과가 있었던 경험을 자세히 분석해서 정확한 이유를 파악한다면 같은 방법을 반복해서 활용할 수 있기 때문이다.

이제 이 책의 끝자락에 다다랐으니만큼, 당신도 각 장을 읽으며 쌓은 경험을 바탕으로 '밝은 점 분석'을 해 볼 수 있다. 모든 장이 공감을 불러일으키지는 않았을 것이고, 책에서 다룬 모든 기법이나 개념이 당신의 삶에 꼭 맞았던 것도 아닐 것이다. 하지만 그중 어떤 것이 실제로 변화를 불러왔는지를 안다면 그것을 더욱 적극적으로 활용해 볼 수 있다. 지난 내용을 돌아보는 한편 당신이 그동안 진행했던 프

로젝트와 과제들도 함께 떠올려 보라. 그리고 스스로에게 다음과 같은 질문을 던져 보자:

- 가장 생산적이었던 날은 언제였는가? 가장 즐거웠던 날은 언제였는가? 가장 의미 있었던 날은 언제였는가?
- 당신이 한 행동 중 가장 효과가 컸던 한 가지는 무엇인가?
- 당신에게 가장 큰 영향을 준 기법이나 사고방식은 무엇인가?
- 가장 활력이 넘쳤던 순간은 언제였으며 그때 무엇을 하고 있었는가?
- 특별히 자랑스러웠던 선택이나 행동은 무엇인가?

이러한 질문을 던짐으로써 당신은 성공의 경험을 자세히 들여다보게 된다. 이제 한 걸음 더 나아가, 그 밝은 점이 나타난 근본적인 원인을 찾아보자:

- 무엇이 당신을 그토록 밝게 만들었는가?
- 직전에 무슨 일이 있었는가?

- 어떤 요소가 그것을 가능하게 했는가?
- 다른 때와 무엇이 달랐는가?

밝은 점이 나타난 정확한 원인을 찾아냈다면 이제 당신은 그 원인을 의도적으로 재현할 수 있다. 다음과 같은 질문을 스스로에게 던져 보자:

- 그때 한 행동을 매일 혹은 더 자주 할 방법이 있는가?
- 어떤 효과가 잘 유지되고 있다면 다른 효과도 비슷하게 유지할 수 있는가?
- 효과적이었던 행동이나 태도를 다른 상황에도 적용할 수 있는가?
- 이런 긍정적인 요소를 일상적으로 활용할 수 있는가?
- 밝은 점의 원인이 반복적으로 일어날 가능성을 높이려면 무엇을 해야 하는가?

요약하자면 과정은 간단하다.

먼저 일정 기간 자신의 행동을 관찰하며 자신이 가장 밝고 가장 생산적이었던 순간, 즉 어떤 행동이 가장 좋은 결과를 낳았던 순간을 찾아낸다.

다음으로 그 밝은 점이 나타난 근본적인 원인을 파악한다. 이때 원인은 하나가 아닐 수도 있다.

마지막으로 밝은 점의 원인을 의도적으로 만들어 본다. 효과가 있는지 살펴보고, 필요하다면 조정한다.

다음의 예를 참고해 보자:

"지난주 수요일 아침 당신은 유난히 즐겁고 생산적인 시간을 보냈다. 어느 때보다도 일에 깊이 몰입할 수 있었고, 그날 아침 겨우 몇 시간 동안 한 일이 그 주 내내 한 것보다 많았다. 왜 그랬을까? 아침까지 있었던 모든 사건을 되짚어 보니 당신은 전날 밤 오랜만에 숙면했다는 사실을 깨닫게 된다. 왜 그렇게 잘 잤을까? 그러고 보니 어제저녁에 TV를 보지 않았다. 정전이 되는 바람에 평소보다 30분 일찍 잠자리에 든 것이다. 이제 나아갈 방향은 명확하다. 앞으로 일주일 동안 매일 저녁 TV를 보지 않고 30분 일찍 잠자리에 들며 그 효과를 관찰하는 것이다."

이것이 바로 '밝은 점 분석' 또는 '긍정적 일탈 분석Positive

deviance analysis'이다. 그렇다면 기대에 미치지 못했던 순간들도 분석할 수 있을까? 물론이다!

'어두운 점 분석Dark spot analysis'도 정확히 같은 방식으로 이뤄지는데, 유지보다는 성장과 개선에 주목한다는 측면에서 사실상 밝은 점 분석보다도 더 유용할 수 있다. 앞서 했던 질문들을 이번에는 가장 최악이었던 날, 가장 비생산적이었던 순간, 가장 불편했던 상황에 적용해 보자.

최악의 시간을 만들어 낸 근본적 원인을 파악하고 나면 다음과 같은 질문들을 다시 던질 수 있다. '어떻게 하면 이런 상황을 피할 수 있을까?', '어떻게 하면 그 원인이 일어나지 않게 할 수 있을까?', '어떻게 해야 그때와 다른 행동을 할 수 있을까?'

밝은 점 분석과 어두운 점 분석의 흥미로운 점은 반드시 자신이 한 경험만 분석할 필요는 없다는 것이다. 즉, 다른 사람의 인생에서 최고점과 최저점을 찾아내 그 원인을 살펴보며 어떻게 하면 그들이 했던 실수는 피하고 그들을 따라 성공할 수 있을지 고민해 볼 수 있다. 이러한 분석은 장기적, 중기적, 단기적 관점에서 각각 해 볼 수도 있어서, 삶의 모든 시점에 적용할 수도 있다.

매일 그날의 밝은 점과 어두운 점 분석을 하는 것도 좋은 생각이다. 일간 분석을 주간, 월간 단위의 분석과 병행하면 시간이 지날수록 큰 패턴이 드러나는 것을 포착할 수 있게 된다. 어떤 경우에는 1년 전의 원인이 지금의 결과로 나타날 때도 있다. 따라서 지금부터 노력한다면 내년에는 다른 결과를 만들어 낼 수도 있다.

밝은 점 분석과 어두운 점 분석의 마지막 단계는 무엇일까? 그것은 바로 분석에서 행동으로 의도적으로 옮겨가는 것이다. 통찰만으로는 충분하지 않으며 변화를 불러올 수 없다. 어떤 일이 왜 일어나는지 이해한다고 해서 미래에 올바른 선택을 내리는 것이 보장되는 것은 아니다. 결국 스스로 행동에 나설 것을 의식적으로 다짐해야 한다.

그러므로 밝은 점과 어두운 점 그리고 그 근본적 원인을 파악한 후에는 밝은 점을 더 많이 만들어 낼 수 있도록 구체적이고 현실적인 행동 계획을 세울 필요가 있다. 예를 들어, 30분 일찍 잠자리에 드는 것이 긍정적인 결과를 만든 근본적 원인이라면 이를 실천할 수 있도록 시간표를 짜고,

알람을 설정하고, 새로운 습관을 만들기 위해 노력해야 한다. 새로운 습관을 1~2주 동안 유지한 후 그것이 가져오는 변화를 평가해 보라. 어떤가, 특별히 생산적이었던 그 수요일처럼 초집중하는 아침을 더 자주 경험하게 되었는가?

어두운 점 분석도 마찬가지다. 부정적 결과를 초래하는 행동을 줄이려면 의도적으로 그 행동을 대체할 수 있는 새로운 행동을 계획하고 일정에 포함하는 것이 합리적이다.

근본적 원인을 정확히 파악하기까지 시간이 좀 걸릴 수 있지만 그래도 괜찮다. 반복해서 시도하고 실험을 거듭할수록 원하는 결과에 점점 더 가까워지기 때문이다. 이것이 바로 성장형 사고방식과 행동 중심적 사고방식이 실제로 구현된 모습이다. 이는 당신이 '모든 것을 완벽하게 해내야 한다'라는 걱정에서 벗어날 수 있도록 해 준다. 왜냐하면 완벽 추구에서 벗어나는 순간에 가장 많은 것을 배우게 된다는 사실을 당신은 이미 알고 있기 때문이다.

오늘의 행동 과제

 그동안 이 책을 읽으며 작성한 일지와 기록을 되짚어 보며 밝은 점 분석과 어두운 점 분석을 해 보자. 분석이 끝나면 그저 깨닫는 것에서 멈추지 말고 밝은 점을 더 많이 만들어 낼 수 있도록 구체적인 행동 계획을 세워 실행해야 한다.

불편 지대를 두려워하지 마라

변화는 대개 불편하게 느껴지지만
당연한 일이므로 불안할 필요는 없다.

많은 생산성 전문가가 조언하는 내용 뒤에는 암묵적인 가정이 깔려 있다. 그것은 바로 '올바른 계획, 올바른 습관, 올바른 사고방식을 갖추면 그 이후로는 불편하거나 혼란스러운 감정을 겪지 않아도 된다'라는 생각이다. 하지만 안타깝게도 현실은 그렇지 않다. 오히려 이러한 비현실적인 기대 때문에 사람들은 상황이 힘들어지기라도 하면 무언가 잘못됐다고 느끼며 그동안 쌓아 올린 성취마저 포기하고 만다.

행동을 취하는 것은 가치 있는 일이다. 우리가 세상과 직접 관계를 맺고 뜻한 대로 세상을(그리고 우리 자신을) 변화시키는 유일한 방법은 행동뿐이기 때문이다. 우리가 행동을 취하는 순간 우리는 삶의 주도권을 쥐게 되며 학습과 성장의 길 위에 확고히 올라서게 된다. 하지만 이 뒤에 일어나는 일이 반드시 편안하고 즐거울 거라고 보장할 수는 없다!

그러므로 우리는 결과 중심에서 과정 중심으로 사고방식을 전환해야 한다. 그리고 '인간은 끊임없이 변화하고 성장하는 존재'라는 사실을 깊이 받아들일 필요가 있다. 의도적으로 실천한 행동으로 인해 목표가 달성되었다면 우리는 그 순간을 기념해야 한다. 하지만 우리의 앞길은 여전히 열려 있으며 새롭게 나타나는 도전에 맞서라고 우리를 재촉한다. 이처럼 우리가 성장하고 변화함에 따라 우리가 해야 할 행동도 달라진다.

그러므로 우리는 목표 달성이라는 종착점에 눌러앉아 승리를 만끽하며 더 이상 배울 것도, 얻을 것도 없다는 듯이 굴지 말아야 한다. 당신은 그보다 더 나은 삶을 누릴 자격이 있지 않은가?

"안전지대를 벗어날 때 비로소 인생이 시작된다"라는 식의 말을 아마 수도 없이 들어 봤을 것이다. 하지만 이 메시지를 진심으로 받아들이기는 결코 쉽지 않다. 물론 당신이 불편함을 즐기기까지 해야 할 필요는 없다. 그것은 그 자체로 모순이기 때문이다. 하지만 우리는 불편함과 타협할 필요가 있다.

오늘날에는 우리가 어느 정도의 불편함을 감수하며 살아가야 하는지에 대해 많은 의견이 뒤엉켜 혼란을 낳고 있다. 우리는 어떻게 해서든 불안을 줄여야 하는 것 아닌가? 편안함을 추구하고 불편함을 피하는 것이 진정한 자기 돌봄 아니던가?

유행하는 생각과는 다르지만 내 답은 '아니오'다. 당신의 삶이 변하는 과정에서 불편함은 피할 수 없는 요소이며 당신은 그 불편함에 의식적으로 대응할 전략을 마련해야 한다. 하지만 여기서 중요한 점은 '불편함에 대응한다'라는 것이 어떻게든 그것을 서둘러 제거해야 함을 뜻하는 것은 아니라는 것이다. 만약 당신의 현재 전략이 기본적으로 '행동을 멈추는 것' 또는 '불편한 상황을 피하는 것'이라면 당신은 가장 어려운 길을 택하고 있다는 것을 알아 두라.

당신이 시종일관 편안함과 쉬운 길만 찾는다면 결국 얻는 것도 그 정도일 뿐이다. 하지만 그것만으로는 아무것도 이루지 못한다. 반면 불편함은 당신이 무언가를 잘못하고 있다거나 멈춰야 한다는 신호가 아니다. 오히려 그것은 당신 안에서 무언가가 자라나고 있고 변화하고 있다는 증거다. 당신이 느끼는 저항감은 실제로 당신이 변화에 적극적으로 적응해 가고 있음을 나타낼 뿐이다.

어떤 요령이나 꼼수를 쓴다 해도 끝내 두려움, 좌절, 지루함, 혼란, 피로감 같은 감정들을 속이거나 회피할 수는 없다. 하지만 마음가짐을 제대로 갖춘다면 불편함과 마주할 수는 있다. 그리고 불편함은 당신에게 아무런 해도 끼칠 수 없다는 사실을 곧 깨닫게 될 것이다. 결국 불편함은 그다지 심각한 문제가 아니고 당신을 무너뜨리지도 않는다. 오히려 불편함을 탓하며 행동하지 않는다면 그에 따른 위험은 분명히 존재한다.

불편함을 받아들일 준비가 되어 있다는 것은 변화의 과정과 본질을 충분히 이해하고 있다는 뜻이다. 이는 곧 다음과 같은 사실을 아는 것이다:

- 변화의 과정은 쉽지 않다.
- 처음은 어렵다. 아마 두 번째도 어려울 것이다. 사실 끝까지 어려울지도 모른다.
- 분명 포기하고 싶은 마음이 들 것이다. 그게 정상이다.
- 불편함 속에서도 필요한 행동을 취할 수 있다.
- 불편해지더라도 자신이 하겠다고 한 일을 하는 것에 의미가 있다.
- 편안함은 머무르다 보면 무기력, 낮은 자존감, 나태와 방종, 게으름으로 이어질 수도 있다.
- 피하고 싶은 일 속에 가장 큰 성장의 기회가 숨어 있을 가능성이 크다.

불편함의 진짜 의미는 무엇일까? 그것은 우주가 당신을 싫어한다는 신호도 세상이 불공평하다는 증거도 아니다. 지금의 자신을 그대로 유지해야 한다는 뜻도 아니다. 불편함은 단지 성장통일 뿐이다.

당신의 목표가 새로운 기술을 배우는 것이든, 제한적인 신념이나 습관을 극복하는 것이든, 관계를 개선하는 것이든, 아니면 사고방식을 완전히 바꾸는 것이든, 이 모든 변화의 과정에서는 어김없이 불편함이 따르기 마련이다. 그리고 그 불편함을 해소할 수 있는 단 하나의 진짜 해결책은 바로 '행동'이다!

당신은 용기를 쥐어짜 낼 필요가 없다. 모든 답을 알고 있어야 할 필요도 없다. 완벽한 확신이나 자신감을 가져야 하는 것도 아니다. 당신은 그저 행동하기만 하면 된다. 지금 이 상태 그대로 말이다. 정말 그만큼 단순한 일이다. 그저 당신의 일상에서 불편함을 피하는 습관만큼은 갖지 않겠다고 결심하라. 오히려 가장 두렵게 느껴지는 것들에 의도적으로 집중할 수 있다면 불편함은 더없이 소중한 스승이자 길잡이가 되어 줄 것이다.

이제 이 책의 끝이 가까워지고 있다. 지금까지 읽어 온 내용 중에서 꼭 지키고 싶은 교훈과 통찰은 무엇인지, 그리고 마지막 페이지를 덮은 후 그것들이 당신의 삶을 어떻게 변화시킬지 생각해 볼 만한 시점이다. 이어서 소개하는 실천 단계들은 당신이 불편함이 찾아오더라도 지금까지 얻은 것들을 지켜 내고 추진력을 잃지 않도록 돕기 위한 것이다:

1. 불편 지대를 찾아라. 당신에게 불편함을 가장 많이 유발

하는 영역과 상황을 살펴보도록 하자. 물론 모든 불편함이 성장으로 이어지는 것은 아니다. 하지만 당신이 성장하는 과정에서 겪는 불편함은 반드시 그 정체를 마주해야 한다. 당신이 성장할 때, 무엇이 당신을 가장 불편하게 만드는가? 그 이유는 무엇인가?

2. 행동을 선언하라. 당신이 본능적으로 회피하려는 정신적·감정적·신체적 상태를 파악했다면 이제는 그러한 상황에 어떻게 대응할지 구체적인 계획을 세울 차례다. 예를 들어, 멘토로부터 비판적인 피드백을 받는 것이 유난히 불편하다면 다음과 같은 계획을 세울 수도 있다. "비판적인 피드백을 받으면 부정적인 감정에 사로잡히기 전에 즉시 작은 행동 하나라도 실천하겠다."

이와 같이 "만약 A라는 상황이 발행하면 즉시 B라는 행동을 하겠다"라는 형식의 선언문을 만들어 보라. 중요한 것은 불편한 상황이 실제로 닥치기 전에 미리 해야 할 행동을 정해 두는 것이다. 미리 행동을 정해두지 않으면 막상 불편한 상황이 닥쳤을 때 행동을 회피할 가능성이 크기 때문이다! 기억해야 할 핵심 원칙은 다음과 같다.

"어떤 행동이라도 하는 것이 불안한 생각과 부정적인 감정에 사로잡히거나, 타인을 탓하거나, 스스로를 책망하는 것보다 훨씬 낫다."

"두려워하는 것을 향해 한 걸음을 내딛는 순간 당신을 지배하는 두려움의 힘은 약해진다."

"회피할수록 두려움과 불편함만 더 커질 뿐이다."

3. 불편함의 강도를 서서히 높여라. 불편함은 삶의 일부이지만 그렇다고 고통을 자처할 필요는 없다. 작은 것부터 시작해서 점진적으로 도전의 강도를 높여라. 자신을 억지로 밀어붙이거나 벌을 주듯 할 필요는 없다. 처음에는 불편함 없이 할 수 있는 것부터 시작하면 된다. 그러다 당신을 두렵게 하는 것이 나타나면 불편함이 무뎌질 때까지 반복적으로 실행해 보자. 그렇게 조금씩 나아가면 된다. 예를 들어, '처음에는 친한 친구의 피드백만 받아들일 수 있었지만 반복해서 도전하는 사이 전혀 모르는 사람이 주는 피드백도 받아들일 수 있게 되었고 즐길 수 있게 되었다.'

상황을 너무 심각하게 받아들이지 말라. 변화 속에서 두려움을 느낄 때 우리의 머릿속은 마치 인생 전부가 걸린 엄청난 위기 상황에 부닥친 것처럼 뿌예진다. 모든 것이 감당하기 힘든 도전처럼 느껴질 수도 있다. 하지만 이런 긴장감과 부담은 단지 자신을 조금 가볍게 바라보는 것만으로도 금세 사라진다.

별것 아닌 일로 어쩔 줄 몰라 하는 자신의 모습을 가볍게 웃어넘길 수 있도록 하라. 두려움을 유머로 소화할 수 있다면 그것들은 더 이상 당신의 발목을 잡지 못할 것이다.

오늘의 행동 과제

이제 당신의 성공을 평가하고 축하할 시간이다. 스스로에게 이렇게 질문해 보자. '이 책을 읽는 동안 나는 몇 번이나 두려움과 불편함을 이기고 행동했는가?' 그 순간들을 돌아보면 주저 없이 행동하기로 한 그 선택에서 얻어지는 자부심과 성취감이야말로 다른 무엇보다 값지다는 것을 깨닫게 될 것이다.

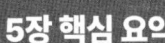
5장 핵심 요약

- 주의력을 제대로 활용하라. 타고난 호기심을 의도적인 호기심으로 전환하고 활용해야 한다. 의도적인 호기심이란 주의력을 목적을 가지고 의식적으로 사용하는 것을 뜻한다.
- 행동 공식 'A = S (T + F)'는 의미 있는 행동과 체력, 생각, 감정 사이의 상관관계를 나타낸다. 행동을 촉진하려면 신체 에너지를 늘리면서 생각과 감정을 최대한 긍정적으로 유지하는 것이 중요하다. 행동은 단순히 의지에서 나오는 것이 아니라 신체적·정신적·감정적 힘이 유기적으로 정렬된 상태에서 나타나는 결과다.
- 타인과의 비교는 바르게 활용할 수 있다. 비교 자체는 나쁜 것이 아니다. 타인의 성공을 질투하는 대신 그들의 성취에서 배울 점을 찾고 그것을 자신의 행동과 연결하라. 자신의 가치를 확신하고 성장형 사고방식을 갖는다

면 남의 성공이 당신을 위협할 이유는 없다.
- 목표를 이루기까지는 시간이 걸리며 성공과 실패가 반복될 것이다. '일탈 분석'을 활용하면 밝은 점과 어두운 점 모두에서 유용한 정보를 얻을 수 있으며 두 경우 모두에서 배울 점을 찾을 수 있다.
- 변화는 불편하지만 그것이 정상이다. 오히려 성장에 불가피한 불편함과 친해져라. 어쩌면 불편함이 당신의 가장 큰 조력자가 될지도 모른다.

옮긴이 최지숙

한국외국어대학교를 졸업하고 뉴욕대학교에서 영어 교육학 석사 학위를 받았다. 현재는 바른번역 소속 번역가로 활동 중이다. 옮긴 책으로는 《우주전쟁 2.0》, 《인피니트》, 《왜 나는 쓸데없는 일에만 집중할까》 등이 있다.

당신은 왜 행동하지 못하는가

초판 1쇄 2025년 8월 29일
저자 피터 홀린스
옮긴이 최지숙
편집 김대웅 **디자인** 배석현
ISBN 979-11-93324-64-6   03190

발행인 아이아키텍트 주식회사
출판브랜드 북플라자
주소 서울시 강남구 학동로 329 북플라자 타워
홈페이지 www.bookplaza.co.kr

오탈자 제보 등 기타 문의사항은 book.plaza@hanmail.net으로 보내주세요.
잘못된 책은 구입하신 서점에서 교환해 드립니다.